William Howard Schröder

Swinegels Lebensloop un Enne in'n Staate Muffrika Eene

putzige plattdütsche Historie in Dörtein Kapitteln mit Bildern, Schrewen

William Howard Schröder

Swinegels Lebensloop un Enne in'n Staate Muffrika Eene
putzige plattdütsche Historie in Dörtein Kapitteln mit Bildern, Schrewen

ISBN/EAN: 9783743445604

Hergestellt in Europa, USA, Kanada, Australien, Japan

Cover: Foto ©ninafisch / pixelio.de

Manufactured and distributed by brebook publishing software
(www.brebook.com)

William Howard Schröder

Swinegels Lebensloop un Enne in'n Staate Muffrika Eene

Swinegel's Lebensloop un Enne

in'n Staate Muffrika.

Eene putzige plattdütsche Historie in dörtein Kapitteln mit Bildern,

schrewen

von

Doctor Willem Schröder,

densülvigten, de ook „Dat Wettloopen twischen den Haasen un den Swinegel" maaket hett.

Hannover,
Schmorl & von Seefeld.
1867.

Vorwortliches.

„Wenn aber nun Kurtzweil und Freud
Ist des Gemüts Artzney vor Leyd,
So hab ich so mehr wöllen schreiben
Vom Lachen als viel Weinens treiben:
Bedacht, dass Lachen in all krafft
Ist dess Menschen recht eygenschafft:
Und so ein Autor je ward gerühmet
Dass er den Nutz mit Süss verblümet,
So ist diss Buch nicht zu verachten
Dieweil es auch dahin thut trachten.
— — — — —
— — — — —
Und gleich wie Schlaff dem Leib wohl thut,
So kompt kurtzweil dem Gmüt zu gut.
Drumb les es nun du frölichs Blut,
Ob es dir geb ein frischen Muth."

Aus: Fischart „Affentheuerliche
Naupengeheuerliche Geschichtklitterung"
gedruckt 1617.

Mit diesen Worten des altdeutschen Humoristen und Satyrikers als „Motto" sich panzernd gegen verkehrte Deutelei, übergebe ich hiemit meinen „Swinegel" den deutschen Lesern, wünschend, daß selbiger die Leser ebenso erheitern möge, wie er bisher einige Tausend Hörer erheiterte in den öffentlichen Vorlesungen, welche ich, seit seiner Fertigwerdung im Manuscript Ende d. J. 1865, hier u. a. O. gehalten habe. Die Genesis des Werkleins ist die, daß ich im Jahre 1840 für mein derzeit neubegründetes „Hannov. Volksblatt" (S. Jahrg. I. Nr. 51.) das plattdeutsche Märchen „Dat Wettloopen twischen den Hasen un den Swinegel up de lütje Haide bi Buxtehude" schrieb, wovon ich gleich darauf eine Nummer an Prof. Dr. Firmenich schickte, welcher auch das Märchen in sein berühmtes Sprachschatzwerk „Germaniens Völkerstimmen" (unter Bezeichnung meiner Autorschaft davon) aufgenommen hat. Es fand nun „Dat Wettloopen rc." bald so allgemeinen Beifall, daß ich veranlaßt ward, davon im Jahre 1845 eine Separat-Ausgabe (in Commission der Helwing'schen Hofbuchhandlung hier), ausgestattet mit drei Federzeichnungen und einer obligaten Vorrede, erscheinen zu lassen. In letzterer sprach ich den unterdeß entworfenen Plan, einen „Lebenslauf Swinegel's" demnächst zu schreiben, bereits aus, bestimmter noch 1857 in einer zu Leipzig (in Naumburg's Wahlzettel) veröffentlichten Reclamation meines — durch viele Nachdrucker, Sammler rc. angezweifelten Autorrechts am Märchen „Dat Wettloopen rc." Ende 1865 ist denn das Ding, wie es hier jetzt vorliegt, fertig geworden. Ich habe zu seiner Einführung und Rechtfertigung weiter nichts zu sagen als: es ist ein Volksbuch und sollte auch nicht mehr und nicht minder als ein Volksbuch sein. — Was seine Form anbetrifft und Styl, so nehme ich dafür dieselbe Freiheit der Schreibweise in Anspruch, wie solche z. B. das alte Volksbuch „Markolfus und König Salomo" (selbst in den neuern Ausgaben der Professoren v. d. Hagen und Simrock) aufweiset, ferner der alte Eulenspiegel, desgleichen noch die neueste plattdeutsche Ausgabe des Reineke Vos van Karl Tann (Bremen, bei Strack 1861) mit dessen Plattdeutsch, wie es in Bremen, Ostfriesland, Nord-Hannover, Holstein, Hamburg, mit wenig Abweichungen, gesprochen wird, auch das Plattdeutsch des „Swinegel's" fast ganz übereinstimmt. — Sollten übrigens, trotzdem, doch noch empfindsame Kritiker mir die Derbheit einiger Ausdrücke in meinem Swinegel aufmutzen wollen, so berufe ich mich hier nun auf weiter nichts mehr, als auf die Gebrüder Grimm, in deren Lexikon es im Buchstaben A an betreffender Stelle wörtlich heißt: „A.... In einer Anzahl von derbkräftigen, oft sinnreichen und poetisch gewandten Redensarten des Volks, welche die feine Welt scheu abweis't, spielt dies Wort eine Hauptrolle; viele derselben sind so alt, auch unserer Sprache gemein mit andern, daß sie hier nicht übergangen werden dürfen. Das Alterthum war natürlich und gerade heraus, heute hält man für anständig sich nur abgezogener Ausdrücke zu bedienen, wie das Gesäß, der Sitzer u. s. w. — — — — — Es giebt aber Augenblicke, wo der Rede noch immer das unverhüllte Wort entschlüpfen muß." (Grimm, J. u. W., Deutsches Wörterbuch.)

Zum Schlusse denn: Ich wünsche, daß, wo möglich, Niemand sich über dies Buch ärgere, Viele aber recht herzlich darüber lachen. Passirte es gar der letzteren Einem, daß er bei der Lection des „Swinegel's" sagte, wie einst Cicero: Adeo illum risi, ut pene sim factus ille! — das wäre freilich meine größte Satisfaction.

Hannover, im Augustmonat 1867.

Wilhelm Schröder.

Hochdeutsche gereimte Vorrede
zum
plattdeutschen ungereimten Swinegel.

Wer ist der Held, deß Lebenslauf hier wird gefeiert,
Deß Name gleich Trompetenklang die Leser herberief?
Ist's eine Größe, deren Bildniß man entschleiert
Erst, wenn Jahrzehnde schon ihr Leib im Grabe schlief?

Ist es ein Krieger, der für Ruhm und Ehr' gestritten,
Der unbesiegt sein Schwert in Schlachten hat geführt,
Der festen Fußes über Leichen ist geschritten,
Dieweil sein Herz vom Wehruf rings blieb ungerührt?

Ist es ein Philosoph, der in erhab'nen Träumen,
Ein zweiter Leibnitz er, tiefsinnig grübelnd saß —
Ein Astronom, dieweil er in den Sternen-Räumen
Verkehrte — unter sich die Menschheit drob vergaß?! —

O nein, von allen diesen ist der hier gezeigte keiner;
Er ist nicht aus dem Haus der Lords, trägt keinen Ordensstern,
Er ist ein Sohn des Volks — ein Commoner — ist ein Gemeiner,
Und dennoch gern gesehen oft bei großen Herrn.

Nicht im Palast, nur in des Dorfes niedrer Hütte
Der erste Schauplatz seines Jugendlebens ist; —
Man hat ihn nicht dressirt zu Anstand, feiner Sitte, —
Er spielte mit den Brüdern vor der Thüre auf dem Mist.

Swinegel heißt der Held — die Lüneburger Haide
Ist Heimath ihm — barfuß begann er seine Bahn;
Als Junge trieb er Gänse auf die Weide,
Und was danach er trieb — das zeigt dies Buch Euch an!

Er war nicht geistreich, wenn er machte Scherze,
Avec esprit, wie der Franzose thut;
O nein, sie waren etwas derb — jedoch er hatt' ein Herze,
Ein warm Gemüth — das macht, er war ein deutsches Blut.

So steht er da, ein Urbild von des Volks Humore,
Lustig und pfiffig, patzig, knuffig, dreist,
Nicht achtend viel, was ihm die Pfaffen und Doctore
Vorschwatzen, weil er „dummes Tüg" das heißt.

Und so, obwohl im Staub gefunden, ist er eine Perle,
Ein Grobian und Flegel oft — doch stets ein ganzer Mann —
Der lebt als kecker Bursch und starb als braver Kerle,
Was nicht von jedem — Swinegel man sagen kann.

W. S.

Dat eerste Kapittel.

Wat de Uursaak wöör, worüm de lütje Swinegel an den Geist glöövde.

As nu de lütje Swinegel söß Jahr old worden wöör, seggde sien Vader: „Nu warret et aberst Tied, mien Söhn, dat du in de School kummst un wat leernst!" — Un dadrup güng sien Vader hin un köffde för em en Fibel, un denn fette he de Ledder an den Wiemen un hale da de dickste Mettwust heraf. „So" — sä he — „nu nimmst du de Fibel un de Wust un hullst di nich ünnerwegens up, dat du mit Steenen nah de Huusfinken smittst, un mit annern solken Tiedverdriev, sondern geihst mi straks nah'r School, un wenn du rintrittst, givst du toerst dien Wust an den Schoolmester un sprikst: „„De schickt ju mien Moder, un ick schull man seggen, se wöör good, denn se harr se sülvst stoppt; un mi schickt mien Vader, un ick wöör ook nich ganz dumm, un ji muggten nu ook sorgen, dat ick dägt wat leeren dähe!"" — So, un nu putz di erst de Nähs', un du, Moder, wisch den Jungen mal mit'r Speckswarе över sien Schoh, damit he doch en betjen reputeerlich uutsüht — un denn gah!"

Swinegelsmoder dähe, wie ehr Mann seggde, denn steek se ehren Jungen noch'n dicket Botterbrod in de Tasch, un somit güng he.

„Och" — sä Swinegelsmoder, indem se em nahkeek, un dabi wischde se sick mit'r Schörte dorch de Oogen, as ob se weenen müßde — „da geiht he hin! 't is doch de wichtigste Gang in sienen Leben."

„Ja woll" — sä Swinegelsvader — „un de tweete wichtigste is, wenn he hingeiht un sick 'ne Froo nimmt."

„Och Gott! wer weet, ob he man je so glücklich is, dat to erlewen!" sä Swinegelsmoder.

„Worüm dat nich?" — entgegnede ehr Mann — „ick heww noch keenen Swinegel kennt, de nich ook'n Froo kregen hett." —

Ünnerdeß wöör de lütje Swinegel vör de School ankamen. Bange wöör he gar nich, aberst he putze sick erst noch mal de Nähs', woruut man sehn kann, dat he all Nahgedanken harr, un denn besünn he sick noch mal up dat, wat em sien Vader upgewen harr an den Schoolmester to bestellen. Un damit faate he up de Döhrklink un maakde de Döhr up. As he nu aberst rintrede un seeg de veelen Kinder, de em alle anstarrden, un den Schoolmester, de'n grooten Stock in'r Hand harr, da wörre he doch'n betjen verbiestert un he stöterde: „Gun Dag! Herr Schoolmester" — wobi he em de Wust hingeew — „de schickt ju mien Moder, un de wöör' — nich ganz dumm, un mi schickt mien Vader, un ick wöör' — ook good, denn he harr mi — harr mi — sülvst stoppt."

„Is all good" — füll em de Schoolmester in't Woord — „versprälen is nich so slimm as verräken. Giv man de Wust her, sett di da ünnen up de Bank, un denn seh to, dat du in düsser Stünn noch den grooten A in'n Kopp kriggst!" —

As nu de Stünn to Enne wöör, fragde de Schoolmester: „Na, Hinnerk, wo is et mit den grooten A?"

„Ick kann'n all" — sä Hinnerk — „un den lütjen a kann ick ook all halv!"

„Dat freut mi" — sä de Schoolmester, — „hewwt ji denn noch dägt Wüst?"

„Ja, wi hewwt noch den ganzen Wiemen vull!"

„So? — Na, denn gröör dien Vader un Moder von mi, un segg jüm, ick harr seggd: uut di schull woll wat warden, du wöörst noch lange de dümmste nich!"

En halvet Jahr mugg ungefehr vergaaen sien, un et harr sick wörklich uutwieset, dat de lütje Swinegel nich de dümmste in de School wöör, denn he seet nu nich mehr ünnen up siener Bank, sondern he wöör ünnerdeß de drüttste van baden worden.

Da trede eenes Morgens, as eben de Gesang uutsungen wöör, womit jeden Morgen de Schoolstünn anfüng, un et nu eben in de School wedder ganz still worden wöör, de Schoolmester midden in de Schoolstuv, hooſtede dreemal un speede denn risch vör sik dahl, wat he jedes Mal dähe, wenn he jüm wat besonderes to seggen harre, un denn spröök he:

„Nu heww ick ju erst noch ganz wat Wichtiges antozeigen, ji Jungens un Deerns alltohoop! Morgen also kummt de Zupperdent uut'r Stadt un hult hier bi mi Schoolvisitahtschon af. He will sick nämlich övertügen, wat ji leeret hewwt. Ick mutt ju also denn de Hauptstück unt'n Katechism affragen und he hört to. Darüm will ick dat nu vandage en betjen mit ju börnehmen, un paßt mi nu good up, denn morgen fröh, wenn de Zupperdent rinkummt, frag ick ju eben so un ganz nah der Reeg, wie ick nu dohn will!"

Un damit güng de Schoolmester an all de Banken vun de Jungens un Deerns hindahl un leggde jedwedem siene Frag' vör, un wenn se de Antwoord drup nich wußden, denn sä he se jüm, un vermahnde jedweden, dat se sick dat fast inprägen schullen, damit se vör den Zupperdenten good antwoorden künnen und em dorch ehre Dummheit keene Schand' maaken dähen. As he nu an de letzte Jungens-Bank kööm, wo de lütjesten drup seeten, un wo Hinnerk Swinegel de brüttste van baben wöör, da sä de Schoolmester to jüm: „Na, för ju dröv ick dat Eckſamen woll nich to swaar maaken, denn ji sünd de lütjesten un noch'n betjen dummerhaftig. Darüm aberst paßt mi recht up un markt ju de Antwoorden, de ick ju jetzt in't Muul stäken will, damit ji se mi morgen jüst so wedder geevt, un mi ook keen Schand' maakt!" — „Also" — wende sick nu de Schoolmester an den ersten Jungen un spröök:

„Also, wenn ick di nu morgen frag': Sage mir, glaubst du an Gott den Vater? — wat antwoordst du denn?"

De erste Jung' aberst sweeg still un keek den Schoolmester starr an.

„Ja! — antwoordst du denn, du Schaapskopp" — schreede em de Schoolmester an — „un wieder sprickst du nicks. Mark di dat!"

Un dadrup wende sick de Schoolmester an den tweeten Jungen un spröök:

„Un wenn ick di nu frag': Sage mir, glaubst du an Gott den Sohn? — wat antwoordst du denn?"

De tweete Jung' aberst sweeg ook still un keek den Schoolmester starr an.

„Ja! — antwoordst du denn, du Schaapskopp“ — schreede da ook bissen de Schoolmester an — „un wieder sprickst du nicks. Mark di dat!“

Un dadrup wende sick de Schoolmester an den drütten Jungen, wat Hinnerk Swinegel wöör, un spröök:

„Un wenn ick di nu frag': Sage mir, glaubst du an Gott den Geist? — wat antwoordst du denn?“

„Ja!“ — schreede da Hinnerk Swinegel, un so luut, dat' n't buuten vör der Döhr harr hören kunnt.

„Recht, mein Sohn, Bravo!“ — sä de Schoolmester — „seht ji woll, de lütje is klööker as ji beiden grooten Bengels, un de warret gewiß morgen sien Antwoord nich schuldig blieven.“

Am annern Morgen güng et nu ganz wie de Schoolmester et Dages vörher mit siene Schoolkinder inexerceert harr. De meisten van jüm antwoorden good, un de Zupperdent schiene drüm ook so wiet tofreden. As nu aberst de Schoolmester toletzt an de ünnerste Bank kööm, wo de lütjesten Jungens drup seeten, da nöhm de Saak doch'n annern Verloop, as he sick dacht harr.

As nämlich de Schoolmester an disse Bank antrede un fragde den ersten Jungen:

„Sage mir, glaubst du an Gott den Vater?“ — da antwoorde em de Jung' „Ja!“ — un de Schoolmester sä drup: „Bravo! Sehr gut geantwortet!“

As nu aberst de Schoolmester den tweeten Jungen fragde:

„Sage mir, glaubst du an Gott den Sohn?“ — Da antwoorde disse „Nä!“

De dat seggde, dat wöör aberst Hinnerk Swinegel. De tweete Jung' wöör nämlich bissen Morgen etwas to laat nah'r School kamen, as de annern Kinder all alle da wöören, un so kööm et denn, dat Hinnerk Swinegel jetzt up den tweeten Platz seet, un de tweete Jung' up den drütten Platz, up den Swinegel sienen.

As nu Hinnerk Swinegel up den Schoolmester sien Frag' mit „Nä" antwoorde, wunnere de sick nich wenig, keek em scharp an un sprööк: „Besinne dich und höre recht zu, was ich frage. Also ich frage dich nochmals:

Sage mir, glaubst du an Gott den Sohn?"

„Nä!" — antwoorde Hinnerk Swinegel ganz patzig.

Nu füng aberst de Zupperdent sülvst an, sick to verwunnern, un sprööк to den Schoolmester: „Das ist aber sehr sonderbar, mein Lieber. Erlauben Sie, daß ich den Knaben selbst einmal frage!" — Un dadrup wende de Zupperdent sick gegen Hinnerk Swinegel un sprööк:

„Was ist denn aber der Grund, mein Kleiner? — Glaubst du wirklich nicht an Gott den Sohn?!"

„Nä!" antwoorde em drup Hinnerk Swinegel, — „nä, da glövt de anner Jung' an. — Ick glöv an den Geist!" —

Da dreihe sick de Zupperdent nah den Schoolmester rüm un sä, wobi he sick kunm dat Lachen verbieten kunn: „Sie haben Ihre Zöglinge gut einexercirt, mein Lieber, nur daß dieselben, wie ich sehe, heute nicht alle auf demselben Platze sitzen wie gestern. — Im Uebrigen bin ich doch so ziemlich mit Ihnen und Ihrer Schule zufrieden." — Un damit güng de Zupperdent.

De Schoolmester aberst spröök, as nu de Kinder uut'r Schoole ruut wööören, wo he noch'n Oogenblick brin torügge bleev, ganz nahdenklich vör sick, wobi he den Kopp schüttelde: „wat'r doch licht för'n Mallöhr uut entstahn kann, wenn man so een Swinegel nich up der rechten Stäe sitt!" —

Harre de Schoolmester in uhsen Dagen lewet un sehn, wat da Allens för Swinegels, oft in höchsten Aemtern un Posten, up der unrechten Stäe sittet, un wat dadorch Allens för Mallöhr entsteiht — denn wörre he sienen Kopp woll noch mehr schüddelt hebben.

Dat tweete Kapittel.

Worüm de lütje Swinegel blarrt, as he mit sien Moder up'r Hochtied wöör.

In Swinegels Dörpe wöör Hochtied. Dierk Hansen, den grooten Holtbuuren sien öllste Söhn, däh freen, un weil Swinegelsvader, obglick man en Hüsling, aberst doch een van de nöchsten Nahbers wöör, so wöören he un sien Froo ook mit to'r Köst beden.

Et is nu in jenen Dörpern Mohd', dat jedweder Gast, de tum Middagsäten up de Köst inladen is, 'ne Gav mitbringt för de Bruutlühde. De Vullmeiers un Halfmeiers plegget eenen oder twee sülwerne Läpels to gewen, oder se legget ook en Duppeltmark-Stück oder 'n Wildenmanns-Dahler ünner ehren Teller, wenn se afäten hewt. De lütjen Lühde aberst, de so veel nich upwenden künnt, schicket Abens vör den Hochtiedsdag en Bidrag för den Ketel oder Grapen, as da is 'n dägten Schinken oder 'n halwen Swienskopp, oder'n Ossen-Steertstück, oder ook, wenn se dorchuut nich mehr gewen künnt oder wüllt, 'ne Goos, en Hohn oder'n Aant'.

Swinegelsvader un Moder överleggden nu, wat se woll för' ne Gav in't Hochtiedshuus schicken schullen.

„Et helpet Allens nicks" — sä Swinegelsvader — „Dierk Hansen is'n Bullmeier, un ick bün doch man'n Hüsling, aberst weil ick sien nöchste Nahber bün un he wat up goode Nahberschaft hult, so hett he mi doch to sienen Söhn sien Köst mit beden laaten; un darüm segg ick di, Moder, wi schickt den Schinken hin un wenn't ook de letzte is, de in'n Wiemen hangt."

„Na, mienetwegen denn, so mag denn de Schinken hinwannern to jüm" — sä Swinegelsmoder — „obglick he mi hart afgeiht!"

„Moder — sä da halfliese de lütje Hinnerk Swinegel, de dabi stünd un sienen Öllern ehr Gespräák mit anhört harr, wobi he sien Moder van achter anstött — „Moder, nehmt mi mit nah'r Köst, de annern lütjen Deern's un Jungens uut'n Dörpe kommt'r ook mit hin." —

„Wi kunnen den Jungen ja woll mit us nehmen" — meende da Swinegelsmoder to ehren Mann, denn 'ne Moder hett jümmer Mitgeföhl för ehr Kind, un wenn't ook man'n Swinegel is. —

„Dat geiht nich" — sä Swinegelsvader — „dat is man'n Farkenschinken, da künnt nich dree Mann up hingaan un sick dafōr an'n Hochtiedsdisch full fräten."

„Na, kunnen wi denn nich noch wat'n betjen darto gewen un dat mit hinschicken, so dat wi dafōr den Jungen mit hinnehmen kunnen?" — sä Swinegelsmoder.

„Wat kunn dat woll sien?" — antwoorde ehr Mann — „ick wüßd' doch nich, wat wi noch darto harren un hingewen kunnen." —

„Wi hewwt da jo den ohlen Hahnen noch, de is jo doch to nicks mehr nütze, as dat he afdahn ward; he kreiet jo nich mehr un fünsten kann he jo ook nicks mehr uutrichten" — meende siene Froo.

„Fix, kumm her, dat Sticheln geiht an" — sä Swinegelsvader — „wat ohle Wiewer doch för Infälle hewwt, — na, wenn du meenst, Ohlsche, dat he nu also doch to nicks mehr nütze is, denn dreih em den Hals üm un schick den ohlen Hahnen hin nah't Hochtiedshuus; denn kann de Jung' mitkamen. — „Aberst, dat segg ick di, Jung'" — wende sick drup Swingelsvader to sienen Söhn — „dat du mi nu da ook dägt äten deihst, damit wi uhse Räknung wedder ruut kriegt!"

„Wes' man nich bang', Vader" — sä Swinegelsmoder — „de Jung' itt all so veel as'n groot Minsche un mitünner ook noch'n betjen mehr."

Un so schull et denn ook würklich kamen. As nämlich an'n annern Dage de ohle Swinegel mit siene Froo un sienen Söhn an'n Hochtiedsdische mit seeten, un dat Äten, — wobi se ook alle Dree nich fuul bi wesen wöören — nu so wiet all to Enne güng, dat nu tum Besluß de grooten Teller mit den upsnednen Botterkoken an'n Disch rümreckt wörden, da hörde Swinegelsmoder, wie ehr Jung', de dicht bi ehr seet, an to weenen füng. Un so dreihde se sick denn üm un fragde:

„Jung', wat blarrst du?"

„Ick kann nich mehr äten" — — antwoorde ehr de lütje Hinnerk.

„Na, Jung', so stick et in de Taschen" — tusterde em da sien Moder in't Ohr.

„Ja, de sünd ook all full" — blarrde da ehr Jung noch luuter as vörhin.

„Wat fehlt den Lork?" — fragde Swinegelsvader, de sick nah siene Froo ümdreihde, as he sienen Jungen nu so gräsig blarren hörde.

„He hett sick man'n betjen versluukt, he hett wat in de unrechte Kehl kregen" — antwoorde Swinegelsmoder, de doch nich wull, dat de annern Gäst' marken schullen, wat et da eegentlich geev.

As nu aberst de Köst to Enne wöör un de Dree bet Abens mit'n-anner nah Huuse torügge güngen un Swinegelsmoder ehren Mann vertellde, wat dat eegentlich mit jüm ehren Jung' sien Weenen an'n Hoch-tiedsdisch för 'ne Bewandniß habd harre, da sä de ohle Swinegel to sienen Söhn:

„Dat hest du recht maakt, mien Söhn. Alle Taschen full gepackt, wo et wat bitostäken givt. Da bliev du man bi. Un wenn du mal in Tokunft villicht ne Karjehr in'n Staatsdeenst maakst un tum Bispill so'n Kaamerdeener oder Leibhusar oder Hofmarschall bi uhsen Försten wardst, denn laat du di vör Allen man recht groote Taschen in dienen Rock un Böcksen maaken, dat du ördentlich wat bipacken kannst, van denjenigten, wat'r da so bi mit affallt. Denn bruukst du nich arm to bliewen. Denn ick segg di so veel: — En armen Swinegel gellet nicks in der Welt. Aberst en rieken Swinegel, de kann allenthalben driestе uptreden; denn dat bewieset us de Erfahrung in uhsen Dagen jümmer mehr: Wenn en Swinegel man wollhabend is, so is he ook överall wollgelitten!" —

Dat drütte Kapittel.

Wie Hinnerk Swinegel confirmeert wörre, un wat sick dabi mit em todröög.

Hinnerk Swinegel güng nu bit in sien veerteinste Jahr .twar fliedig in de School, aberst leernen dähe he doch nich ganz veel, denn in der School wöör he en betjen fuul. — Dat kummt aberst nich bloot bi de gemeenen Swinegels sondern ook öfters bi de vörnehmen Swinegels ehre Jungens vör, bloot mit den Ünnerscheed, dat et den Letztern nahher im Lewen nich so veel to schaden pleggt.

„Ick weet eegentlich nich, wat dat bi mienen Bengel to bedüden hett" — pleggde denn woll Swinegelsvader to seggen — „de Jung' müßde doch eegentlich en apenen Kopp hebben; — denn as he kuum anderthalv Jahr old wöör, füll he doch van'n Dische un slöög sick'n groot Lock in'n Kopp, — un dennoch will'r nich recht wat rinkamen. — Doch, dat helpet Allens nicks, he mutt nu mit confirmeert warden!"

„Kunnen wi uhsen Hinnerk nich leewer noch'n Jahr översitten laaten? he schient mi doch noch'n betjen swak to sien" — meende Swinegelsmoder.

„Nä, dat geiht nich" — antwoorde Swinegelsvader. — „De Jung' smöökt all, drinkt all'n Sluck, un fangt ook all an mit de Deerns to spälen; darüm is et de höchste Tied, dat he uut'r School kummt. Denn wenn he us as Schooljung' gar all'n Mallöhr mit eener van de Deerns hier uut'n Dörpe anrichten schull, dat wööre doch'n to grooten Schimp för us Öllern!

— „Och, so gefährlich is dat woll noch nich, fien Spälen mit de Deerns, dat 's man bloot noch Kalweree" — meende Swinegelsmoder.

„Ja, da verlaat du di nich up, Moder" — entgegnede ehr Mann — „du weeßt woll, wi Swinegel's sünd nich mack in den Punkt, un fanget all fröh an. — Darüm bliev ick dabi, de Jung' mutt confirmeert warden!!" —

So geschach et denn, dat Hinnerk Swinegel den Winter öwer bi den Pastor in fienen Dörpe mit in de Confirmatschonsstünn güng, un wenn he ook jüst nich so klook wöör as de klöökften, bi den Fragen un Antwoorden, so wöör he doch ook nich gans so dumm as de dümmsten.

As drüm nu de Tied kööm, ungefähr veer Wäken vör Ostern, wo de Kinder, de sick confirmeeren laaten wullen, Eener nah'n Annern tum Zupperdenten mußden, üm sick van den in de Relijon vörher noch prüfen to laaten, da maakde sick denn uhse Hinnerk eenes Dages ook up den Weg dahin.

„Also du wünschest auch confirmirt zu werden?" — rede de Zupperdent em an.

„Ja, dat wull ick woll" — sä Hinnerk Swinegel.

„Nun, dann sage mir mal zuerst: wie viel Götter giebt es?" — fragde drup de Zupperdent.

„Eenen" — antwoorde Hinnerk Swinegel.

„Wie, nur einen?" — sä de Zupperdent, de em wahrschienlich up'n Tahn föhlen wull, weil Hinnerk em so patzig ankeek. Da besünn sick Hinnerk Swinegel en Dogenblick un spröök denn:

„Nä, dree Götter givt et."

„Was? — drei Götter" — sä de Zupperdent, wobi he uhsen Hinnerk noch scharper ankeek as dat eerste Mal. — „Hast du nicht vielleicht noch einige mehr in deinem Brägen?" — Da besünn sick Hinnerk wedder 'ne Wiele un denn sä he:

„Ja, ick weet noch dree."

„Das wären also ja wohl Summa sechs Götter?" — meende de Zupperdent.

„Ja, dree un dree makt söß" — sä Hinnerk Swinegel.

„So?" — sä de Zupperdent — „und kannst du mir auch vielleicht sagen, wo deine sechs Götter aufgenannt sind und wie sie heißen?"

„Ja" — sä Hinnerk Swinegel — „de eersten dree stahet in'n lütjen Katechismen un heetet Gott der Vater, Gott der Sohn un Gott der heilige Geist, un de annern dree stahet in'n eersten Book Mose un heetet: der Gott Abraham, der Gott Isaak und der Gott Jakob."

„Und an diese drei letzten glaubst du auch?" — fragde em drup de Zupperdent.

„Ja!" — sä Hinnerk Swinegel.

„Und warum das?!" — fragde de Zupperdent.

„Weil Moses dran glövt, un mien Vader seggd jümmer: Moses wöör keen dummen Keerl wesen, sonst harre he den König Pharao un siene Egypters nich so höllisch ansch..... kunnt."

„Nein" — schreede da de Zupperdent ganz zornig upfahrend — „Moses war freilich kein dummer Kerl — aber du — bist ein dummer Junge! — Marsch, scheere dich zu Hause mit deinen sechs Göttern; gehe noch ein Jahr in die Schule, denn das thut dir nöthig, und melde dich nächste Ostern wieder!"

Hinnerk Swinegel wöör ganz verwunnert, dat de Prüfung so'n Enne för em nöhm, dreihe sick stillswigends üm un maakde sick up den Rückweg nah Huuse to.

Unnerweges up'n Rückwege bemött em aberst en anner Jung' ut sienen Dörpe; dat wöör Peter Snakenkopp.

„Wo wult du hin?" — rööp Hinnerk em an.

„Ick will nah'n Zupperdenten un mi prüfen laaten."

„So?!" — sä Hinnerk. — „Segg mal, wenn he di nu fragt: Wie viel Götter giebt es? — wat antwoordst du em denn?"

„Eenen" — sä Peter Snakenkopp — „dat versteiht sick doch van sülost."

„Eenen?!" wedderhale Hinnerk Swinegel — „meenst du? du warrest schön bi em ankamen — ick heww em all söß baden, un da wöör he noch nich mal mit tofreden."

„Nä, Peter, spar di de Moihe, dreih du man glieks mit üm un gah wedder mit nah Huuse. Dat kann di nicks helpen. Laat us beiden man noch'n Jahr in'r Schoole mit sitten, villicht finnet wi ut der Bibel ja woll ünnerdeß noch'n paar Götter mehr herut, so dat wi de Tahl för em vull krieget."

Da kratzde sick Peter achter den Ohren, denn he wöör sick mit sienen eenen Gott ook siener Saake doch nich so ganz gewiß; un so geschach et, dat Peter Snakenkopp un Hinnerk Swinegel an disse Ostern noch nich mit confirmeert wörren, sondern noch'n Jahr överfitten dähen.

As nu dat Jahr wedder vergangen wöör un de Ostertied allgemach wedder rankööm, da güngen Hinnerk Swinegel un Peter Snakenkopp nu tum tweeten Mal nah'n Zupperdenten, üm sick wedder prüfen to laaten. Ob se nu ditmal beter antwoorden dähen, oder ob de Zupperdent dachde, he müßde jüm ditmal doch man uut'r Schoole mit entlaaten, weil de beiden Bengels sünst to groot wörden, dat weet ick nich; aberst de Zupperdent seggde to de Beiden, se wöören annahmen un schullen ditmal mit confirmeert warden. — So geschach et denn ook. — De Confirmatschons-Dag kööm un de Saake mit jüm Beiden nöhm ook ganz densülvigten Verloop wi bi de annern Kinner. — Bloot mit Hinnerk Swinegel füll ganz toletzt noch wat vör, weshalb de Pastor en Woord to em spröök, wat he to keenen van de annern Kinner spraaken harr. — As nämlich de Pastor sien Exkamen mit de annern Kinner beendigt harr, da stellde he sick — ehe he nu mit dat Abendmahl-Uutdehlen anfüng — vör den Altar un hölde noch 'ne groote Vermahnungsred' an de Confirmanden. — He vermahnde jüm darin, dat se ehr ganzet Lewenlang jümmer up den Wege der Tugend un Gottseligkeit wandeln schüllen, malde jüm dabi Himmel un Hölle vör, un rede sick dabi so in de Röhrung hinin, dat he toletzt sülvst dabi an to weenen un to sluchzen füng. Denn he muggde sick woll uut siener eegenen Erfahrung erinnern, dat dat Vermahnen lichter is as dat Befolgen, un dat ook för'n Pastor so good as för alle annern Minschenkinner dat Woord gellen deiht: „Der Geist ist willig, aber das Fleisch ist schwach!!"

As nu aberst de Confirmanden-Kinner seegen, dat de Pastor sülvst an to weenen füng, da dachden se, se müßden nu ook an to weenen fangen, un dat dähen se denn ook. Und so kreegen se denn alle ehre Snufdööker ruut un hölen sick de vör ehre Gesichter und füngen an to weenen. Dat is nämlich so Herkamens in jener Gegend, dat de Kinner, wenn se bi der Confirmatschon tum Slusse an to weenen fanget, sick dabi de Snufdööker vörholet. — Un davan kummt et denn ook, dat jedwedet Buurkind, wenn et vörher ook noch nümmer en Snufdook hatt hett, doch to sienen Confirmatschons-Dag in'r Karke en Snufdook kriggt.

Up eenmal höre nu Peter Snakenkopp, de tonöchst bi Hinnerk Swinegel seet, dat de so'n besonderet Geruusch achter sienen Dook maakde, jüst, as wenn Eener wat kauen deiht. Peter wende sick nu en betjen to'r Siete un gluupde achter Hinnerk sienen Dook. — Un wat seeg he da?! — Hinnerk Swinegel wöör jüst daröwer uut, en grooten Stuten, den he sick mit sienen Snufdook verdeckde, rintowörgen.

„Mein Gott! schaamst du di denn gar nich, Hinnerk" — sä Peter — „hier in'r Karken bi so'n fierliche Handlung wat to fräten?!"

Hinnerk sparrede eben dat Muul up, Peter wat darup to antwoorden. Aberst de Pastor leet em darto nich kamen. De Pastor, de dat Tustern van de beiden Jungens hört harr, un den dat verdrööt, trede plötzlich an jüm 'ran, as Peter noch mit sienen Kopp achter Hinnerk sienen

Snufdook wöör, un reet mit eenen raschen Griff Hinnerken sienen Dook vör der Nähs' weg.

De Pastor mugg nu während siener dörtigjährigen Amtsföhrung bi Hochtieden, Kinddöben un Begräfnissen woll all manchen unverschaamten Fräter mank de Buuren sehn un sick daröber verwunnert hebben; ditmal aberst verwunnere he sick doch so sehr wie noch nümmer vörher. He stünd woll twee Minuten vör Erstaunen spraakles, denn aberst bröök he los:

„Was?!" — so rööp de Pastor uut; as he Hinnerk dat Snufdook vör'n Gesichte wegtöög un nu seeg, wi Hinnerk, anstatt vör Röhrung över siene Vermahnungsred' to weenen, da seet un mit beiden vullen Backen kaude — — — — —

„Was?!" alle andern Kinder sind außer sich vor Rührung, zerfließen in Thränen hinter ihrem vorgehaltenen Tuch — und du — statt dessen birgst dein Gesicht dahinter und frissest einen Stuten?! — Du bist ja ein Schweinigel!!" Damit dreihde de Pastor uhsen Hinnerk verächtlich den Rüggen to un güng. — Hinnerk höl verwunnert mit Kauen en Oogenblick inne; dat duhre aberst doch nich lange, sondern glieks darup kaude he wieder und harr den Stuten bald vollends hindahl wörget. Dabi maakde he en Gesicht, as ob he seggen wulle: et is nu doch een Sünnenvergeben.

As he nu nah Huuse kööm un sien Vader fragde em, wi dat mit'r Confirmatschon in'r Karke afloopen wöör, un ob de Pastor ook schön predigt un jüm stark in't Gemöhd spraaken harr, — da antwoorde em sien Söhn:

„Ja, Vader, he hett so schön predigt, dat alle Jungens un Deerns dat Snufdook vör't Gesicht holen un weenen mußden."

„Ick wöör aberst so nüchdern van dat lange Predigen worden, dat ick mi 'n Stuten — den ick uut Vörsicht mitnahmen harr — uut'r Tasche kreeg un den an to äten füng." —

„Wat? — Un weent hest du gar nich?"

„Nä" — sä Hinnerk — da harr ick jo keen Tied to." —

„So?" — sä Swinegelsvader nahdenklich; „et mugg woll sien, dat he daröber nahdachde, ob he as Junge bi siener Confirmatschon et ook so maakt harr. —

„Ja“ — fahrde drup Hinnerk in sienen Bericht foort — „un as de Pastor mi dat Dook vör der Nähs' wegtöög.“ —

„Wo so?“ — sä sien Vader — „wo so füll et em denn in, di alleene dat Snufdook vör'n Gesichte wegtotrecken?“ —

„He mugg dat Knaospern woll hört hebben“ — sä Hinnerk — „denn de Stuten wöör en betjen hart.“ —

„So?“ — sä sien Vader — „un da, wat seggde de Pastor denn da to bi? — He schellde di woll dägt wat uut?“

„Och nä, Vader, dat dähe he un jüst nich. He keek mi 'ne Wiele scharp an un denn spröök he: „Von dir konnte man freilich nichts Anderes erwarten, denn du bist ein Schweinigel!!“

„So?! — dat gefallt mi nich, dat he di so nennt hett,“ — sä sien Vader — „dat verdrütt mi stark.“ —

„Worüm denn dat, Vader? — Is denn dat nich eenerlee: ein Schweinigel oder — en Swinegel?!“ —

„Nä“ — sä sien Vader — „dat is lange nich een Tohn. Denn süh, mien Söhn, de Ünnerscheed is disse: — Wat in der grooten Welt ünner vörnehmen Lühden ein Schweinigel is — dat is jümmer en slechten Keerl, meistens gar en Spitzboov. Averst en Swinegel kann man wesen un doch en ehrlich Minsche dabi. Dat is de Vördehl för uhser Eens, de uut'n Volke is. Denn dat Volk kann nich bestahn ohne Ehrlichkeit, mußt du weeten.“ —

Dat veerte Kapittel.

Wie Hinnerk Swinegel, as he mit nah Frankriek marschierd wöör, da in eenen Dag de französche Spraak leernen dähe.

As de Slacht von Waterloo gewunnen wöör, tögen de Soldaten, de se gewunnen, alle nah Frankriek nin. Mank de Dütschen, de da mit rinmarscheerden, wöör ook Hinnerk Swinegel. De Weg dahin wöör twar bannig lang, aberst he kunn et doch woll utholen, denn he güng nich to Foot, sondern seet to Pärde. Dat kööm daher, dat se em, as he sick fastloos't harr un Soldat warden mußt, nich tum Infantristen un ook nich tum Artöllristen brucken kunnen.

„Worüm denn dat nich?" — harr Hinnerk Swinegel den Loosungs-Kumßär fragt.

„Weil du schiefe Beine hast, mein Sohn!" — harr em disse drup antwoordet.

„Na, denn stellt mi bi de Pickeniers in, bi dat Inschenjöhr-Kohr!" — harr drup Hinnerk meent.

„Nein" — harr de Loosungs-Major antwoordet — „das geht auf keinen Fall. Bei allen andern Truppengattungen haben wir Swinegels dazwischen, vom Gemeinen bis zum Stabsoffizier hinauf, aber beim Genie-Corps können wir durchaus keinen Swinegel gebrauchen, — wenngleich im bürgerlichen Leben die sogenannten Genies oftmals im Grunde nur ausgezeichnete Swinegels zu sein pflegen. — Dich, mein Sohn, können wir einzig und allein, deiner schiefen Beine wegen, nur zum Train verwenden."

„Mi ook recht denn" — harr drup Hinnerk entgegnet, — „so stellet mi dabi an; 't is mi im Grunne ook leewer. Wenn de Annern marscheeren mötet, kann ick denn doch to Pärde sitten." —

Un up disse Wies' kööm et, dat, während de annern Soldaten to Foot in Frankriek rintögen, de Swinegel to Pärde rinrieden dähe. Dree Jahr mußden nu de dütschen un annern Truppen in Frankriek liggen bliewen. Dat geschach ut Vörsicht gegen Napoljon. De Engländers harren em twar infungen un harren em in'n Gefängniß up ehre Insel Sanct-Helena stäken, aberst se un de annern Alljirten wöören doch bange, he künne jüm da doch mal bi günstiger Gelegenheit utkniepen un denn güng dat Kriegsspittakel un dat ganze Elend, wat he över de Welt bröcht harr siet twintig Jahren, wedder van vörn los. Üm nu aberst den ohlen Napoljon allmälig unschädlich to maaken, harren se em tum Gefangenknecht oder „Kerkermeister" (wie se dat up Hochdütsch benöömt) 'n ganz boshaftigen Keerl gewen. Dat wöör so een van de Minschen, de in Stanne is, 'n andern Minschen to Doode to argern. Dodt kreeg he nu twar den ohlen Napoljon nich glick, aberst he harr em doch, eh noch dree Jahr vergüngen, den Magenkrebs anargert, de eben so good is as de Dood, denn da warret Keener wedder van gesund. As nu de König von England un de König von Preußen disse Nahricht kreegen, sprööken se to enanner: „So, nu is he so wiet, dat he nich mehr utkniepen kann, un wi bruukt nich mehr vör em bange to wesen un uhse Soldaten künnt nu nah Huuse kamen.“ — Da marscheerden denn de Engländer nah England torügge un de Dütschen nah Dütschland. Hinnerk Swinegel aberst de güng wedder nich to Foot, sondern he reede wedder to Pärde. Denn weil siene Beene ook in Frankriek scheev blewen wöören, so wöör he natürlich ook bi'n Träng blewen.

Swinegelsmoder harre nu während der Tied, dat ehr Söhn in Frankriek wöör, männigmal an ehren Hinnerk dacht, harr denn upsüfzt un harr seggt: „Och Gott! Wenn he dat Äten in'n frömden Lanne man verdrägen kann?“ — — „Wat'n ächten Swinegel is, de kann Allens verdrägen“ — harr se denn ehr Mann tröstet un denn harr Swinegelsmoder sick ook wedder tofreden gewen. —

Eenes Morgens fröh, et wöör noch nich ganz helle, leeg' de ohle Swinegel mit siener Froo noch in'n Bedde un beide slööpen noch ganz fast. Et wöör üm de Tied bald nahher, as in England un Dütschland de Nahricht indrapen wöör bi de Regenten, dat Napoljon nu anfüng den Magenkrebs to kriegen, un dat se nu nich mehr bange vör em wöören un ehren Soldaten harren den Befehl gewen, nah Huuse torüggetokehren. — Up eenmal fahrde Swinegelsmoder ut'n Slaape up, stödde ehren Mann an, dat he upwaakde, un rööp:

„Vader! hörst du nicks?“ —

„Nä! Wat schull ick hören?“ — sä he. —

„Hörst du nicks singen, Vader?“ —

„Nä, wat schull ick singen hören?“ — sä he argerlick — „laat mi tofreden, ick will noch slaapen!“

„Hör doch, Vader, et is jo sien Leed. Uhsen Hinnerk sien Liev-stückschen. Un he is et jo sülvst, de et singt; he kummt, he is et! — Hör doch man! Hör doch man!“

„Och, du hest woll Müggen in'n Kopp, de du singen hörst. Ick hör nicks. Laat mi slaapen! un legg du di ook wedder hin!“. —

Aber Swinegelsmoder leggde sick nich wedder hin. Se sprüng uut'n Bedd' un lööp in'n Hemdslippen, mit de blooten Fööt in de hölten Tüffeln, uut'r Döns himmt. Un as se up de Dähl kööm, da hörde se em buuten vör der Hoffdöhr all ganz dütlich sien Stückchen singen, wat he all vör dree Jahren süng, wenn he recht vergnöögt oder ook'n betjen duhne wöör:

„Des Morgens bei den Branntewein,
Des Mittags bei das Bier,
Des Abends bei das Kaartenspäl,
Das is ein groß Plaisihr!“

„Ja, ja, ick hörde et ja glieks“ — rööp se vör sick hin im Loopen — „dat he et wöör, he singt noch eben so schön as sünst!“ — Un eh se noch mit bebender Hand de Döhr upkregen, rööp se den, de buuten stünd, all entgegen:

„Sprick! Büst du et denn? Büst du et denn ook würklich sülvst, lütje Hinnerk?!“ — Un damit güng de Döhr up, un „Wui!“ sä 'n grooten Keerl in'r rooden Uneform, de' n langen Sabel an'r Sied un'n gräsigen Snurrbart in'n Gesicht harr.

„Büſt du denn ook noch ganz geſund, mien leevſte Kind?“ ſä Swinegelsmoder, wobi ſe em de Hand faatede un drückde. — „Wui!“ ſä he wedder, un dabi güng he de Däbl hinup, ſmeet ſien'n Sabel un Patrontaſch' up'n Diſch un leet ſick ſülvſt up'n Stohl an't Heerdfüer fallen.

„Schall ick di nu erſt'n betjen Kaffe kaaken, lütje Hinnerk?“ — fragde drup Swinegelsmoder.

„Nong!“ — ſä he.

„Oder wullt du lewer erſt'n Sluck hewwen?“

„Wui!“ — ſä he.

Da höl' et ſien Moder nich länger uut, ſondern ſe lööp in de Stuw' torügge, wo ehr Mann noch in'n Bedde leeg un wedder faſt ſlööp. Un ſe ſchüttelde em mit aller Gewalt, dat he woll upwaaken mußde, un rööp:

„So ſtah doch up, Vader! So ſtah doch up! He is et jo, he is wedder da. Aberſt he ſnackt nicks as Franzöſch. Keen Minſch kann em verſtahn! Nu hewwt wi dat Unglück. Ick hew et jo woll ſeggt, dat he da buuten ganz dat Dütſch verleernen wörre!“

„Man nich ſo ängſtlich! Wat warret he woll noch können“ — ſä ehr Mann, wobi he uut'n Bedde ſteeg un ſick de Strümpe un de Böckſen antröck.

Ünnerdeß wöör nu van den Larm ook de Magd upwaakt, harr ſick ehren Ünnerrock överſtülpt un ſteeg van'r Hilgen heraf. Weil ſe nu dachde, dat he noch ſiene ohlen Gewahnheiten harr un Morgens fröh noch geern datſülvigte drünk as ſünſt, ſo wull ſe em damit 'n Gefallen dohn un fragde:

„Schall ick Ju 'n Putt mit Melk bringen un de warm maaken?"

„L— — — — — mit dien Melkputt" *) — schreede aberst Hinnerk se an.

„Süßst du woll, dat he noch Dütsch kann?" — sä Swinegelsvader, de jüst in den Oogenblick unt'r Stuvendöhr treede, to siene Froo — „dat heww ick doch beter wußt as du; wenn'n ook dree Jahr in'r Frömd' is, aberst dat Beste van sien Moderspraak vergitt'n doch nich!" —

„Büst mi willkamen, mien Söhn!" — sä drup de ohle Swinegel, wobi he sienen Hinnerk de Hand geev un se em hartlich schüttelde. — „Un nu mal erst'n Sluck her!" — Dabi schenkde he sienen Söhn en groot Glas vull Brannwien in, wat de ook up eenen Tog nutdrünk. Un nu güng et an'n Fragen un Vertellen; denn de beiden ohlen Swinegels wöören doch ganz neeschierig to hören, wat ehr Söhn während all de dree Jahr da buuten in Frankriek erlewt harr. Am wenigsten aberst kunn sien Moder et begriepen, wie ehr Söhn de frömde Spraak harr in'n Kopp kriegen kunnt. Se meene, de müßde doch gräsig swar to leernen sien.

„Nä" — sä Hinnerk Swinegel — „för mi nich; ick heww se in eenen Dage leernt." —

„In eenen Dage?!" — sä sien Moder verwunnert; — „aberst wo is dat möglick, dat du dat Französche so gau leernt heft?"

*) Ob die vier hier im Manuscript fehlenden Worte vielleicht heißen sollen „Laat du di uphangen" — — oder vielleicht gar auf Plattdeutsch dasselbe urkräftige Compliment bedeuten sollen, welches Goethe seinen Götz von Berlichingen (im 3. Act des Schauspiels) auf Hochdeutsch dem, ihn zu einer schimpflichen Unterwerfung auffordernden Hauptmann der Reichstruppen vermelden läßt, — das zu entscheiden muß der sachdienlichen Interpretation des geneigten Lesers überlassen bleiben. Anmerk. des Setzers.

„Weil'n an de Spraak gar nich veel to leernen hett“ — sä ehr Söhn; — „denn seht ji, Moder, dat is damit so: Pang heet Brod, un Böhr heet Botter, un Zucker un Kaffe — dat blivvt so.“ —

Un veel mehr harren de meisten annern Soldaten, de mit'n Swinegel uut eener Gegend wööron, in den dree Jahren ook nich van't Franzöösche in Frankriek leernt, hewo ick, de disse Geschicht' schrewen, mi vertellen laaten.

As nu de beiden Ohlen de eerste Reegier dorch't Köhren mit ehren Jungen stillt harren, da güngen se, ünnerdeß de Magd den Kaffe an'n Heerd to kaaken anfüng un Hinnerk dabi sitten bleev, sick de Fööte warmde un gedankenvull in't Füer speede — in de Stuw' torügge, Swinegelsvader, üm sick siene Piepe to stoppen, un Swinegelsmoder, üm de Tassen uut'n Schapp to kriegen.

Up eenmal hörden se 'buuten wat quieken. —

Swinegelsmoder lööp nu an't lütje Finster bi der Döhr, üm to sehn, wat dat Quieken woll to bedüden harre.

„Vader“ — rööp se gliek darup — „kiek ins, kiek ins! — he hett de Magd to faaten!!“ —

„Na, laat em doch“ — entgegnede Swinegelsvader.

„Ja, Vader, aberst he grippt se scharp an, düccht mi.“ —

„Wo denn?“ — fragde Swinegelsvader, wobi he mit Tabackstoppen inneholde.

„An'n Koppe“ — sä Swinegelsmoder.

„Na, dat is bi der dicken Deern nich gefährlick, da laat em" — sä Swinegelsvader.

„Ja, Vader, aberst ick glöv, he will se gar küssen." —

„Küssen?" — Na, wenn he ehr sünst nicks deiht, da laat em. —

„Aberst, Vader" — swöögde se — „so wat hett he jo doch nümmer mit de Magd dahn, as he noch bi us to Huuse wöör!"

„Ja" — sä Swinegelsvader — „domals wöör he ook man bloot en dütschen Swinegel. Nu is he aberst dree Jahr in Frankriek wesen un is da nu ook togliek en französchen Swinegel worden. — Kann he nu as dütscher Swinegel nicks utrichten irgendwobi, denn spält he den französchen up, dat is klar. — Darüm is mi denn nu ook för uhsen Hinnerk nich mehr bange, dat he et to wat bringet, sowoll bi de Wiewer as ook in'n Staatsdeenst. — Denn hier bi us im Lanne hewwt von jeher de utländschen Swinegels et am wietsten brödt. — En wahret Glück, dat de ohle Blücher noch to'r rechten Tied dermank fahren dähe un de französchen över den Rhein torügge jagde. Ick fürchte, de harren us hier am Enne noch de ganze Tucht verdorben, so dat'r toletzt gaar keen reinen dütschen Swinegel mehr wöör to finden wesen. Un dat wööre denn doch de Anfang vom Ünnergang der Natschoon."

Dat fiefte Kapittel.

Wodorch de Soldat Hinnerk Swinegel so gau Korpral wörre.

Hinnerk Swinegel harre, nahdem he ut Frankriek torügge un siene eerste Deensttied afloopen wöör, sick wedder as Stellvertreder verköfft un wöör nu tum tweeten Mal Soldat. Weil he aberst as Jung' in'r School en betjen fuul wesen wöör, so harr he nich veel mehr as to'r Nothdurft lesen leernt; van'n Schriewen aberst verstünd he so veel as gar nicks. So kööm et denn, dat de beiden Nahbersjungens ut sienen Dörpe, de dat good verstünnen, bald avanzeerten un Unneroffzeers wörden. Dat maakde jüm natürlich hoffahrdig, un wenn de Beiden so vör der Kasern' up'r Bank seeten un smöökden, denn maakden se em nich Platz, dat he bi jüm sitten kunn, sondern leeten em Honnör vör jüm maaken, un pleggden dabi, indem se em nahkeeken, to enanner to seggen: „De ward sien Lewenlang nich wat wi sünd, de is un blivt Gemeener, un darüm künnt wi us ook nich mit em gemeen maaken!" — Aberst dat nut'n Swinegel öfters doch wat Grootes warden kann, wenn he man'n betjen Glück hett — dat schull sick ook hier bald uutwiesen.

Eenes Morgens stünd Hinnerk Swinegel up'n Posten vör'n Kummandanten sienen Huus', de ook Kummandör van sien Regiment wöör. Da kööm so'n fienen Keerl, de geele Hanschen an'n Hännen un lackeerte Stebeln an'n Fööten un'n Kiekglas up'r Nähs' harr, an'n Hüüsern herünnerwüppsteertet nah'n Kummandanten-Huuse to. Hinnerk Swinegel maakde sick eben sien Morgen-Vergnögen, harre sien Gewehr in't Schilderhuus lehnt, kleie sick mit der Hand in'r Böcksen un dachde an gar nicks.

Ünnerdeß wöör de fiene Herr dicht an uhsen Hinnerk rankamen, un sie et nu, dat he dissen nich bemarkt harr, weil he, wie de vörnehmen Hansnarren dat plegget, anstatt vör sick liekuut, jümmer mit sien Kiekglas baben nah den Hüüsern hinupkeek, ob'r nich gladde Deerns an'n Finstern seeten, — kort, he treede im Vörbigahn uhsen Hinnerk up'n Foot. He markde aberst sienen Fehltritt glieks, stünd vör Hinnerk Swinegel still, nöhm sienen Hoot af un sä: „Exküseh Mosjö!“ — He wöör nämlich en Franzos. Un wat he da sä, dat heet so veel as „Nehmen Se et nich öbel! et is man uut Versehn geschehn.“ — Aberst Hinnerk Swinegel, de sick överhaupt nicks van'n Fremden gefallen leet, un de unterdem van der Tied her, wo he to'r Exekutschoon mit in Frankriek legen, noch 'ne groote Bosheit in sick up de Franzosen harr, weil se em domals saken keen Zucker to sien Kaffe un keen'n Kees' to sien Botterbrod gewen harren, de leet sick dat ditmal ook man nich so gefallen, sondern antwoorde den Franzosen: „Ah wat, schiet Exkühs! — Ick pett di wedder!“ — Un dabi geev he den Franzosen en Tritt vör't Schienbeen, dat de över de Gööt' torkele un em de Hoot uut'r Hand füll. — „Commang?!“

sä de Franzos, as he sienen Hoot wedder upgrepen harr, un maakde dabi 'ne drohende Gebehrd'. — „Kumm an?!" — sä Hinnerk Swinegel — „Ja, kumm du man an, Musje Bäsemonküh, wenn du Kurahsch heft! Ick segg di aberst, ick schull hier man nich as Posten up'n Platz bliewen möten, denn kööm ick aberst an un wull di den Puckel so vullhauen, dat du dien Lebenlang an mi denken schullst!" —

De Franzos mugg woll denken: hier is keen Ruhm mehr vör di to eernten, — un wenn en Franzos dat denkt, denn nimmt he gewöhnlich dat Hasenpaneer. Dat dähe denn nu ook disse hier, murmelde noch so wat von Coschong un Fouter vör sick in den Bart un denn trullde he sick sienes Weges. „Ja, fouter du man to" — sä Hinnerk Swinegel, em nahkiekend, — „ick denke, ji hewwt hier bi us nu för lange Tied utfoutert" — un denn lehnde he sick wedder an sien Schilderhuus un dachde, damit wööre de Saake un to Enne.

Aberst de Saake wöör damit nich to Enne. De Kummandant harr jüst van baben ut'n Finster keeken un den ganzen Vörfall twischen Hinnerk Swinegel un den Franzosen mit ansehn. Hinnerk Swinegel harr nu man eben erst wedder anfungen, sick sien Vergnöögen to maaken un nicks to denken, da wörr he all wedder drin stört. Ditmal wöör et de Kummandant, sien Oberst sülvst, de dat dähe. — „Mein Sohn" — rööp he em van baben ut'n Finster to — „wenn du abgelöf't wirst, dann komm einmal zu mir herauf; ich wünsche dich zu sprechen!" — „Ganz woll, Herr Oberst!" sä Hinnerk, wobi he sick herümdreihde un sien Honnör maakde. — „Dunnerwedder! wat de woll van mi will?" — dachde he bi sick, un dachde nu ook nicks Anneres mehr, bit siene Stünn to Enne wöör un de Aflösung kööm, üm em aftolösen. As nu aberst de Ünnerofzeer „Rechts um! Marsch!" kummandeerde, sä Hinnerk Swinegel: „Ick ga nich mit ju! Ick mutt nah'n Oberst hinup, he hett mi to sick bestellt." — „So? dat is wat Anneres!" — sä de Ünnerofzeer, un dabi maakde he Rechtsum! vör siene annern dree Mann un denn marscheerden se af. Hinnerk Swinegel aberst güng tum Obersten hinup.

As he nu in de Stuv treed un sien Honnör maakd' harr, sä de Oberst: „Nun sage mir mal, was hattest du denn eigentlich mit dem fremden Herrn da unten vor?" — Nu vertellde Hinnerk Swinegel den Oberst, wat da ünnen twischen em un den fremden Herrn vörfallen wöör. Da lachde de Oberst, dat'n de Bunk bewde, un as he utlacht harr, güng he up Hinnerk Swinegel to, kloppde em fründlich mit'r Hand up de Schulder un sä: „Bravo! mein Sohn! Das hast du recht gemacht! So möge es einem jeden Franzosen ergehn, der einem Deutschen auf den Fuß tritt! — Bravo, mein Sohn! Und zum Lohne für diese That ernenne ich dich zum Korporal! Und heute Abend bleibst du hier, issest mit meinem Bedienten zu Abend, und sollt ihr auch einige Flaschen Wein dazu erhalten, womit ihr auf des Fürsten und mein Wohl anstoßen könnt!" —

Hinnerk Swinegel wöör nich wenig verwunnert, denn he harr nich anners dacht, as de Oberst wull em utschellen över dat, wat he dahn harr. Nu he aberst seeg, dat de Saaken so stünnen, wöör he et ook tofreden, sä „Zu Befehl, Herr Oberst!" — maakde sien Honnör un güng mit den Bedienten, den de Oberst ünnerdeß ruppklingelt un Bescheed seggt harr, nah den siene Stuv mit hinünner. Hier leet Hinnerk Swinegel et sick nu ganz good smecken, he eet vör twee un drünk vör dree. As nu aberst de Klock neegen slöög un he dat Reträte-Blasen höör, sä Hinnerk

Swinegel to den Bedienten: „So, lütje Fründ, nu mutt ick maaken, dat ick nah'r Kasern kaam. Adjüs denn! Wat'r noch in is, dat drink du man uut!" — Veel wöör'r aberst nich mehr in. —

As nu Hinnerk Swinegel in'r Kasern' ankööm, wöör da all de Rund' indrapen, dat de Swinegel Korpral worden wöör. Swinegel aberst, den de Wien 'n betjen in Kopp steegen wöör, kööm lustig tralaend in't Wachtzimmer treeden, un as nu alle siene Kamraden up em losstörtet köömen un em anschreeden:

„Wat, Swinegel, is dat wörklich wahr? Büst du Korpral worden? Wie is denn dat togahn?!"

„Wie dat togahn is, fragt ji?" — sä de Swinegel — „dat is ganz natürlich togahn. Ick heww'n Franzosen, de an mi vörbilööp un mi up'n Foot pett'de, wedder pettd', dat he in de Gööt füll. Dat hett uhsen Oberst so freut, dat ick dafför Korpral worden bün. — Hal' mi de Düwel! Harr' ick den Keerl man in'n M— pettd', ick glöw, ick wöör Serschant worden!" —

Dat söhte Kapittel.

Wie de Swinegel, as he uutdeent harr as Soldat, erst bi sienen Oberst Riedknecht warret, un denn up den siene Emfehlung eene Anstellung as Amtsvagt un Friedensrichter kriggt, un wie he sien Amt verwalten deiht.

De Oberst, de em wegen siener gooden Antwoord an den Franzosen tum Korpral maakde, harre uhsen Hinnerk Swinegel leew gewunnen un sick vörnahmen, noch mehr för em to dohn. Et kummt nu woll öfters im Leben vör, dat en vörnehm Herr 'nen Swinegel oder 'ne Swinegelsche leewgewinnt, oder dat Jemand, den 'n vörnehm Herr leevgewunnen un womit he sick de Tied verdrewen hett, as ob et sienes Glicken wööre, sick toletzt doch man as 'nen Swinegel uutwieset. Aberst dat en vörnehm Herr wörklich för de Tokunft sienes Swinegels oder siener Swinegelsche so sorgt, dat se nahher keene Nohd mehr to lieden hewwet, dat kummt im Leben nich so öfters vör. — Hinnerk Swinegel sien Oberst aberst harre en beter Gemöhd; he höl, wat he versprööl, un wenn he mal Jemand leewgewunnen harr, so dähe he ook wat för em. As drüm eenes Dages, wo de Swinegel Ordonnanz-Wache in'n Kummandanten-Huuse bi sienen Oberst harre, un disse bi em up'r Dähl', wo he an'n Disch seet un jüst äten dähe, sick en betjen mit em ünnerhölde, da faate Hinnerk Swinegel sick en Hart un spröök: „Herr Oberst, mit Verlöw, Se hewwt doch mehrmals to mi seggt, wenn ick mal 'nen lütjen Wunsch harre, so schulle ick'n man gegen Se uutspreken, un wenn't möglick wööre, denn wullen Se mi darto behülplich sien!" — „Ja wohl, mein Sohn" — sä de Oberst — „sprich es aus, was du wünschest, und wir wollen sehen, was sich für Dich thun läßt."

„Ja" — sä un Hinnerk Swinegel — „Herr Oberst, in veer Wäken is miene Stellvertreder-Tied üm. Mi nochmals wedder to verkööpen, da hew ick keen Lust to. „Korpral bin lew ick — Korpral bin sterv ick" — dat is nicks för'n Keerl, de geern wieder nugg in'r Welt. Also hew ick mi dacht, wenn Se Herr Oberst, da Se doch good Fründ mit de Ministers un de andern hohgen Herrens sünd un dat also licht mit jüm maaken künnt, wenn Se mi dorch ehre Konneckschoon so 'ne lütje Ziviel-Anstellung as Amtsvagt oder Stüer-Innehmer oder Holtvagt oder so wat verschaffen dähen, da kunnen Se mi 'n grooten Gefallen mit dohn, wofür ick Se ehr Lebenlang dankbar sien wörre."

„Ja, ja, da hast du Recht, mein Sohn" — antwoorde em fründlich de Oberst — „das wäre so was für dich und das gönne ich dir auch. Wir müßten es nur abwarten, daß irgendwo so 'ne Stelle offen kommt, dann will ich gerne für dich darum nachsuchen. Aber bis das geschieht, müßtest du doch wohl einstweilen nach deinem Dorfe zu deinen Eltern zurückkehren und den günstigen Zeitpunkt abwarten."

„Och nä, Herr Oberst“ — entgegnede de Swinegel — „dat muggde ick nu nich geern. Et is beter, ick bliev Se ünner 'n Oogen, dänn vergetet Se mi up keenen Fall. Am leewsten wööre et mi, se gewen mi so lange in Ehren eegenen Huuse en Deenst, wenn't geiht.“

„Ja wohl“ — sä de Oberst — „das geht an; mein Bedienter und mein Reitknecht gehen in nächster Zeit ab; da kannst du also Bedienter bei mir werden, denn der bekommt monatlich einen Thaler mehr, und ich gönne dir den besten Posten.“

„Ick danke Se för Ehre goode Affsicht, Herr Oberst“ — meende drup de Swinegel — „aberst Bedeenter, nä, dat wüllt wi sien laaten. Da müßde ick to veel mit de Kamerkatte van de gnäd'ge Froo verkehren, un dat is meist tückschet Volk, de gegen de annern Deenstbaden meist nicks as Klatscheree un Schabernack in'n Koppe hewwet, da wörre ick mi nich mit verdrägen. Weten Se wat, Herr Oberst, gewen Se mi leewer bi sick den Posten as Riedknecht; mit Pärden weet ick ümtogahn, hew jo toeerst bi'n Träng deent; un ick riede Se de dullsten Pärde to, denn ick sitte fast, kann ick Se seggen, weil ick'n Sluß hew as Wenige.“

„Ja, dat glöw ick“ — sä de Oberst, wobi he 'n lächelnden Siedenblick up den Swinegel siene krummen Beene smeet — „du mußt'n ganz famosen Sluß hebben!“

So geschach et denn, dat Hinnerk Swinegel, as siene Stellvertreder-Tied üm wööre, bi sienen Oberst as Riedknecht in Deenst treden dähe.

Fief Jahre deende nu Hinnerk Swinegel as Riedknecht bi sienen Oberst un se verdröögen sick up't Beste, un jümmer harr et sick noch nich passen wullt, dat sick 'ne goode Zivicl-Anstellung för Swinegel fünde. Endlich aberst schull et sick doch drapen. Hinnerk Swinegel treede eenes

Morgens, nahdem he anklopppt harr, bi sienen Oberst un disse „Man 'rin, Hinnerk!" rapen harre, weil he em all an sien Kloppen kenne, in den Oberst sien Stuv' un sprööl:

„Herr Oberst, nu weet ick aberst 'ne Stäe, de sick för mi passet!"

„So? Un wat wööre denn dat för 'ne Stäe?" fragde de Oberst.

„Dree Stünnen van hier is'n Amtsvagt-Stäe vakant, womit ook 'n Posten as Friedensrichter verbunden is."

„So? Un da hest du Lust to? Un glöövst ook, dat du den Posten vörstaan kannst?"

„Säker, Herr Oberst. Wat'n Amtsvagt to dohn hett, dat is keen Hexeree. Jck kann Se seggen, et givt manchen Amtsvagt, de dümmer is as ick."

„Dat glöv ick woll, sä de Oberst — aber den annern Posten dabi as Friedensrichter, wenn du den man wussen büst?"

„De jüst, de paßt eerst recht för mi, Herr Oberst" — meende Hinnerk Swinegel. — „Denn sehn Se, dat is so. Wenn twee Buuren mit enanner in Striet gerahded un wüllt'n Proceß gegen enanner anfangen, denn mötet se eerst tum Friedensrichter gahn un den ehre Saake vördrägen. De givt sick drup Moihe, de Beiden mit enanner to verglieken, hullt jüm alle Grünne vör, worüm et beter is, dat se sick verdräget, kortum, stellet dat mit jüm an, wat man 'nen „Güteversuch" nennet. — Dat wööre nu jüst so 'ne Arbeit recht vör mi; denn ick, Herr Oberst, bün överhaupt nich för Striet, sondern jümmer för Freden, un so denke ick denn, dat, wenn ick Friedensrichter wööre, ick manchen Proceß verhindern wörre."

„Na, wenn du meinst, in Gottes Namen denn" — sä drup de Oberst — „so wollen wir sehn, daß wir dir die Stelle verschaffen."

Un so geschach et denn ook. De Oberst güng tum Minister un rekummandeerde sienen Riedknecht to jener Stäe, un disse kreeg denn ook richtig de Stäe un töög balde drup in sien neeet Amt in.

Et wöören nu woll all'n sief, söß Wäken nah Swinegels Aftog in sien neeet Amt vergahn un sien ehmalige Herr harre noch nicks wedder van em hört. Da dachde denn eenes Dages de Oberst bi sick: „Ih, wie mag es denn wohl meinem neuen Amtsvogt und Friedensrichter ergehn? Will doch mal, da ich gerade Zeit habe und nichts Besseres zu thun weiß, hinüberreiten, um mich von seinem Befinden zu überzeugen!“ Un dat dähe denn ook de Oberst, sette sick to Pärde un reede nah dem Dörpe, wo sien ehmalige Riedknecht jetzt as Amtsvagt un Friedensrichter fungeerde.

As de Oberst vör den Huuse ankööm, stünd jüst de Deenstmagd — denn de Swinegel harre nu all freet un hölde siener Froo ook 'ne Magd — vör'n Huuse un hüng dat wusch'ne Tüg tum Drögen up.

„Wahnt hier de Amtsvagt Swinegel?“ fragde de Oberst.

„Ja woll“ — antwoorde de Magd — „aberst mien Herr is jetzt nich to spräken!“

„Worüm denn nich?“ — fragde de Oberst.

„He hult eben Gericht“ antwoorde de Magd — „un da lett he sick van Keenen bi stören.“

In densülvigten Ogenblick, as de Magd dat seggde, hörde de Oberst van achter uut'r Amtsvagts-Wahnung en gräsigen Larm 'röberschallen. Et wöör wie dat Schreen van'n paar Minschenstimmen, datwischen luutes Flööken van sien'n ehmaligen Riedknecht, den jetzigen Amtsvagt, un ook sogar wat, wie dat Klappen van 'ner dägten Pietsche.

„Wat is denn dat aberst vör'n gräsigen Larm?!" — fragde de Oberst verwunnert.

„Na, ick segg Se jo, mien Herr hult eben Gericht" — antwoorde em patzig de Magd.

„Dat geiht da jo wunderbar bi her" — seggde de Oberst — „da mutt ick mi doch mal sülvst van övertügen, wat dat mit den Larm up sick hett." —

Damit steeg de Oberst af, bünne den Toom van sienen Pärde an't Stackitt un treede in dat Huus. He güng risch öwer de Dähle nah der grooten Döns to, van woher de Larm erschallde. As nu de Oberst de Stuvendöhr upmaakde, da böde sick em en merkwürdigen Anblick dar. Vör eenen langen Disch, de queerdorch de Stuv' in twee Hälfden deelde, stünnen rechts un links 'ne Antahl Buuren mit ehren Wiewern, wovan de Eene erbarmlick de Hänne rung un schreede: „Ach, Herr, slact'n man nich dodt! Slact'n nich dodt!"

De Amtsvagt Swinegel wöör nämlich jüst daröber uut, eenen Buuren, den he mit'r linken Hand in't Nackhaar faatet un vör sick öber den grooten Disch tagen harr, mit 'ner grooten Hunnepietsche ganz gräsig den Puckel to verwalken. Dabi dreihde un winne sick de Buur wie'n Worm un stöhnde eenmal öber dat andere: „Och holt man up! holt man up! Ick will mi ja ook geern verdrägen!" —

„Na, wat is denn aberst dat? — Wat is denn hier los?" rööp nu bi dissen Anblick ganz verwunnert de Oberst.

„Och füh, Herr Oberst! Sien Se willkamen!" — seggde nu de Amtsvagt Swinegel, de vör allen Ihwer bi sienen Amtsgeschäft den Intritt sienes ehmaligen Obersten eerst gar nich bemarkt harre. — „Et freut mi, dat Se mi ook mal besöökt."

„Ja woll, dat wull ick“ — sä de Oberst — „aberst segg mi man erst, wat hett dat hier to bedüden? Wat hest du denn mit disse Lühde hier eegentlich vör?“

„Ick hole hier eben Friedensgericht af“ — antwoorde de Swinegel, — „twee Parteen heww ick all vereenigt, un nu wöör ick jüst dabi, hier mit der drütten ook den Güteversuch antostellen.“

„Den Güteversuch?“ fragde de Oberst — „dat is ja 'n sonderbarer Güteversuch“.

„Ja, aberst he helpet“ — sä de Amtsvagt Swinegel. — „Wat miene andern Collegen van Friedensrichters vör'n Art van Güteversuch hewwet, dat weet ick nich, geiht mi ook nicks an. Disse aberst is miene Art un de helpet jedesmal. Wie ick darto kamen bün, Herr Oberst, dat will ick Se in Korten vertellen. Jn der eersten Tied miener Amtsföhrung, wenn ick da dat Friedensgericht afhöle, denn rede ick mi de Kehle heeser, üm de Buuren to bewegen, dat se doch van't Prozessieeren aflaten un sick verdrägen mugten. Et hülpe Allens nicks. Se blewen stief un starr bi ehren Eegensinn. Toletzt reet mi denn mal de Geduld bi Eenen, de darto ook uutfallend in sienen Reden gegen mi wööre, ick faate em in'n Nacken, tög em över'n Disch, un bearbeidę em den Puckel ganz gehörig mit miener Hunnepietsche. Nah den ersten söß, acht Slägen rööp he all: „Jck will mi jo verdrägen, Herr Amtsvagt, ick will mi jo geern verdrägen!“ — Un so kööm et ook. Glicks as ick'n loos leet, kunn ick dat Protokoll sluuten, wo he un sien Gegner ünnerschrewen, dat se ehren Striet dorch Verglick vör mienen „Friedensgericht“ bilegget harren. — Na, sehn Se, Herr Oberst, so wat maaket Freude, wenn man fühlt, dat man den rechten Weg upfunnen hett, sienen Beruf to erfüllen. Sietdem bün ick nu stännig bi disse Art van Güteversuch blewen. Jck segge Se, Herr Oberst, wenn ick bi so 'ner proceßsüchtigen Partee, de up mien Toreden nich hören will, da Eenen herkriege un verwickse em gehörig dat Fell, — denn is et in der Regel bi sienen Gegenpart gar nich mehr nöhdig, bi dem ook noch mienen Güteversuch antostellen; he hett in der Regel all am Tosehn genoog un recket all de Hand heröber an sienen Gegner tum Verdrage, ehe ick em noch darto upfordere. Up disse Wief' heww ick nu woll all an hundert striedige Parteen wedder vereenigt un eben so veel Processe verhindert, wodorch se sick sonst villicht um Huus un Hof un Froo un Kinner an den Bedelstaw bröcht harren. De Inwahner seht et nu ook all in, wat ick dergestalt Goodes an jüm dahn heww, un se nennet mi darüm all fast allgemeen hier nich anders as „Wohlthäter der Menschheit.“ —

„Is et nich so, ji Lörke?!“ — schreede de Swinegel de Buuren an — „spräket un segget den Herrn Oberst, mienen ohlen Herrn, ob et nich so is?“ —

„Ja woll“ — säen de Buuren, wobi Eenige sick den Puckel kratzden — „et is so.“ —

As nu eenige Tied drup de Amtmann Amtsversammlung afholen dähe, wobi jeder Buur Totritt harre, um mögliche Beswerden gegen siene Vörgesetteten vörtobringen, un de Amtmann jüm denn ook fragde: wie se mit ehren neeen Amtsvagt tofreden wöören? — da meenden Eenige, „se wöören sonst woll so wiet mit ehren Amtsvagt tofreden, aberst dat he den Güteversuch bi sienen Friedensgerichten etwas anders inrichten dähe, dat schülle jüm doch ganz leev sien.“ —

„Ach was! Nicht räsonnirt! Das geht nicht“ — harre drup de Amtmann jüm antwoordet. — „So lange der Swinegel euer Amtsvogt ist — wozu ihn die Allergnädigste Herrschaft gemacht hat, die euer Bestes wissen muß — so lange müßt ihr euch auch seinen Güteversuch gefallen lassen!“ —

„Dat kunn ick jo woll denken, dat ji disse Antwoord kreget“ — seggde drup en ohlt Buur to de Andern — „de staet sick jümmer enander bi.“ — Wenn de Amtsvagt en Swinegel is, denn is in der Regel de Amtmann ook nich veel beter.“ —

Korte Tied nahher, as de Oberst, wie eben vertellt is — den Amtsvagt Swinegel sienen Besöök maakt harre, kreeg disse eenes Morgens mit der Post en groot Schriewen van't Ministerjum, worin disset em anzeigde, he wööre sienes Deenstes as Amtsvagt in Gnaden entlaaten, schulle aberst sienen bitherigen Gehalt as lebenslängliche Panschoon beholen.

De Swinegel kunn et gar nich begriepen, worüm se em so mit eenmal affettet harren un spröök daröber siene Verwunnerung gegen siene Froo uut.

„Dat warret wol davan kamen" — meende se — „dat du bi dat Friedensgericht vör veertein Dagen, in dienen Güteversuchs-Ihwer, di vergreepst un, statt den Buuren, sienen Gegner, den vörnehmen Herrn uut'r Stadt — et wöör jo wol 'n Hofrath oder so wat — to faaten kreegest un mit diener Pietschen drapen däheft. De warret davan wol Anzeige maket hebben nah baben, un darüm warrest du nu dienes Deenstes entlaaten."

Et wöör ook wörklich so, as Swinegels Froo meende. De Hofrath oder wat he sonst wöör, den de Swinegel uut Versehn aftagelt harre, harre davon Anzeige maakt bi'n Minister. De harre nu den Obersten roopen laaten un de harre em denn vertellt, dat de Amtsvagt Swinegel wörklich up disse Wies' sien Friedensgericht aftoholen pleggde. Da harre de Minister twar ungeheuer lached, aber slüslich doch meent, et günge doch nich, dat de Swinegel länger up sienen Posten as Amtsvagt verbleewe; he künne sick mal an noch'n Höhgern vergriepen un denn wööre de Düwel ganz los. He wulle daher leewer den Amtsvagt Swinegel in Ruhestand versetten, aberst, damit he man wieder keenen Larm maakde un sick tofreden geewe, em vulle Panschoon geben. —

„Et beiht mi eegentlich doch leed, Vader, dat wi nu uhsen Stand missen mötet" — fahrde Swinegels Froo in ehrer Red' foort — „de Titel Froo Amtsvagt'n, dat klünge doch beter as Madame Swinegeln —."

„Och wat, schiet up den Titel" — sä ehr Mann — „de Gehalt is de Hauptsaak, un den behol' ick."

So wöör denn de Swinegel as Amtsvagt in Gnaden sienes Deenstes enthaben un mit vuller Panschoon entlaaten. Dat wööre övrigens nich de eerste un eenzigste Fall in dissen Lande, dat en Beamter, de sick während siener Amtsföhrung as 'n Swinegel utwieset harre, mit vuller Panschoon entlaaten wörre.

De Swinegel töög balde drup mit sienen bitherigen Wahnoorte weg un begeev sick mit siener Familje in dat bekannte Fürstenthum Muffrika. Hier köffde he sick in'n Haidbörpe en lütje Kothstäe, wofür he dat Koopgeld allmälig van siener Amtsvagts-Panschoon afbetahlde, mit der Afsicht, sien Leben nu recht un slecht as'n Hüsling in der Haide to beslunten. He wirthschaffde drüm up siener Kathe ook gans so wie et ook siene Öllern dahn; he seiede sien Stück mit Bookweeten ut, damit et för em un de Sienigen nich an Bookweeten-Klütjen un Pankoken fehlen künne, plante darto noch bägt Kartuffeln, Worteln un Röwen, maakde alle Jahr sien Swien fett, paßde good up de Immen, tagele siene Jungens un sien Froo nich mehr as nöhdig wöör, hölde so in siener Wies' den Staat Muffrika mit uprecht un lewde, in Övrigen üm de groote Welt sick nich kümmernd, still vergnöögt mit siener Familje dahin, wie et 'n braven Swinegel tokummt.

Da bröök dat Revolutschonsjahr 1848 an, wat manchen grooten Herrn ut siener Ruhe upstören schull, un den Swinegel ook.

Dat söbente Kapittel.

Wie in'n Swinegel sienen Dörpe de Revolutschoon autbröök un wat he dabi för 'ne Roll' spälen dähe.

Als nu in Dütschland dat Revolutschoons-Jahr anbraken wöör, wo dat Volk in Frankriek den König Lui Filipp weggjagt harr, un veele Fürsten in Dütschland bange wörden, et künne jüm ook so gaen, weil ehre Ministers noch gröötere Bangeböckien wöören un jüm dat inredeten, un nu dat Volk dadorch briefte wörre un upstund, un in den Straaten de Straatenjungens de Straatenlateernen twei slöögen, un in'n Düstern nah de Polizeideeners mit Steenen smeeten, un denn de Zeitungen schreewen: „Auch bei uns ist gestern ein Volksaufstand ausgebrochen, das unzufriedene Volk ist vor des Regierungspräsidenten Haus gezogen, hat unter Absingung von Freiheitsliedern und mit sehr deutlichen Demonstrationen die Beseitigung der alten Uebelstände stürmisch verlangt", — un as nu eenes Abends in Swinegel's Dörpe in'n Krooge de Dorpbarbeer an de versamelten Buuren eene Rede holen harre, worin he jüm uutenandersette, dat se ook Uursaak harren untofreden to sien mit ehren Amtsvagt un ehren Buurmester, un as he dabi — füerroth in'n Gesicht van Patterjotismus un Sluckdrinken — mit de Fuust up'n Disch slöög un schreede: „Und wer das jetzt noch nicht begreift, daß jetzt auch für uns die Zeit zum Handeln gekommen ist, der ist ein Schaapskopp, und wir müssen unsern Brüdern in den andern deutschen Gauen nachfolgen und dürfen nun auch nicht länger zurückbleiben." — —

Da harren de Buuren ook alle up 'n Disch slaen un harren schreet: „Nä, he hett Recht, wi dröwet nu ook nich länger torügge bliewen" — un denn wöören se alle mit eenanner noch to'r Nachttied vör den Amtsvagt sien Huus tagen un harren Perejat! schreet, un denn vör den Buurmester sien Huus un harren den de Finster insmäten. —

„Mein Gott! Worüm hewwt se denn dat dahn?" — harr den Swinegel siene Froo ehren Mann fragt, as he uut'n Krooge nah Huuse kööm.

„Weil se untofreden sünd" — harr de Swinegel antwoordet. —

„Öber wat sünd se denn untofreden?!" —

„Dat weetet se sülvst nich" — sä de Swinegel — „aberst de Barbeer hett jüm in'r Rede dat klar maaket, dat se untofreden sien müßden, un da sünd se denn ook untofreden worden un sünd vör den Amtsvagt un den Buurmester sien Huus tagen un hewwt da Perejat schreet un jüm de Finster insmäten!"

„Aberst worüm denn vör de ehre Hüüser" — fragde Swinegels Froo — „de Beiden sünd jo doch goode Lüüd' un hewwt uns noch niemals wat to Leede dahn?" —

„Kannst du dumm fragen" — antwoorde ehr Mann — „weil se de eenzigen Beamten hier in'n Dörpe sünd. — Denn de Revolutschoon, mußt du weeten — fangt jümmer so an: Dat Volk, wat untofreden is oder wat Eener untofreden maaket hett, treckt vör de Beamten ehre Hüüser, schreet Perejat! — dat is Kramerlatien und heet so veel as: Hal di de Düwel! — smitt jüm de Finster in un haut jüm ook woll noch gar den Puckel vull, wenn't jüm to faaten kriggt." —

„Ook wenn se nicks Slimmes vörher dahn hewwt?" fragde se.

„Dat is eenerlei" — sä de Swinegel — — „daför sind se Beamte." —

„Dat is jo aberst gräsig" — swöögde Swinegels Froo.

„Dat deiht'n nicks, aberst dat is geschichtlich" — sä de Swinegel — „dat versteihst du as dummes Wiew nich beter, aberst dat mutt jümmer so kamen. Un weil wi hier nu keene höhgere Beamten hewwt, so tögen de Buuren also vör den Amtsvagt un den Buurmester sien Huus un schreeden da Perejat un smeeten denen de Finster in."

„Hast du denn ook mitschreet, Mann, un mitsmäten?" — fragde den Swinegel siene Froo ängsterlich.

„I, bewahre! Ick heww bloot anhisset" — antwoorde ehr Mann — „ick bün jo keen dummen Keerl. Denn sühst du, in Revolutschoons-tieden kummt et jümmer so, dat dejenigten, de würklich de Revolutschoon maaket, den Schaden davan hewwt, nämlich achternah, wenn Alles wedder ruhig is un sienen ohlen Gang geiht, bi'n Koppe kreegen un in't Lock stäken oder mindestens in Bröökstrafe nahmen warret; un dat bloot dejenigten, de jene in Stillen anhisset hewwt, den Vörbehl davan dräget. — Un darüm bün ick bloot Anhisser mit wesen, un dat ick mienen Vör-behl dabi ruutkriege, daför laat du mi man sorgen; dat is mien Saak'. — In ruhigen Tieden kann'n Swinegel keen' Karjehr' maaken; aberst in Revolutschoons-Tieden, da kann 'n Swinegel et to wat bringen, un dat haap ick ook. Et is vörkamen in solken Tieden, dat Swinegels — — —"

„Och, Mann, wenn du bi man nich to hoch verstiggst in dienen Gedanken!" — seufzde Swinegels Froo.

„Aflaaten kann'n jümmer" — sä de Swinegel — „un wenn ick ook man fürstlicher Hof-Höhneroogenuutsnieder warre — to wat bring' ick et, darup verlaat di. Mi swewt all so'n Plan vör, wat ick darto vör'n Weg in der Politik inslaen mutt — he is mi man noch nich ganz klar. Doch, to so wat gehört Ruhe un Eensamkeit, denn wie'n grooter Gelehrter seggd: Die Einsamkeit ist die Mutter großer Gedanken — also gah du jetzt, legg di to Bedd un laat mi alleen. Vörher aber lang' mi noch den Buddel mit Brannwien van't Böört; denn bi solken swaren Nahdenken mutt'n af un an 'n Lütjen nehmen!"

Swinegels Froo wagde ehren Mann nich to wedderspräken, langde den Buddel mit Brannwien heraf, sette den vör em up'n Disch, seufzde deep up un sä: „Averst, beste Vader, griep di man ook nich to stark an bi't Nahdenken!" — wobi se 'n swermöhdigen Blick up den Swinegel un ook up den Buddel richdede. Denn geev se ehren Mann de Hand, böhd' em Gode Nacht! — güng in de Kamer un leggde sick slaapen.

De Swinegel averst, de nu alleen wöör, schenkde sick en Glas Brannwien in, stüttde sienen Kopp mit'n Arm up'n Disch un füng nu an nahtodenken. Averst an dissen Abend kreeg he den Gedanken, de em upstegen wöör, noch nich ganz klar; den Buddel mit Brannwien averst kreeg he leddig.

Acht Dage lang jeden Abend dreew et de Swinegel nu ganz so wie an den ersten Abend, as in sienen Dörpe de Revolutschoon utbraken wöör. Am negenden Dage averst stünd he all 'n Stüm fröher as to'r gewahnten Tied ut'n Bedde up, weckde siene Froo un spröök: „Stah up un kaak Kaffeh, un denn krieg' mi 'n rein Hemd her!" —

„'n reinet Hemd?" — fragde se verwunnert — „et is jo vandage noch nich Sündag." — Denn de Swinegel pleggde man alle Sündage 'n reinet Hemd antotrecken, un oftmals denn ook noch nich.

„Dat weet ick woll" — antwoorde de Swinegel — „averst et gibt nich anders; tum hütigen Dage is'n reinet Hemd nöhdig. Un denn krieg mi ook mienen Hochtiedsrock her un de manschesterne Bücks un de kalfleddernen Stebeln."

„Wullt du denn uut, Vader?" — fragde siene Froo, nu noch mehr verwunnert.

„Ja woll" — antwoorde he — „ick will nah'n Amte!" —

„Wat givt et denn da?" — fragde siene Froo.

„Wat et da givt? — Da warret hüte en Deputeerter to'r Ständeversamlung wählet, un da mutt ick mit dabi sien."

„Du, Vader?" — entgegnede siene Froo — „du büst ja doch sünst nich mit dabi wesen, so veel ick weet." —

„Ja ha!" — sä de Swinegel, wobi he sick stolt in de Bost smeet — „dat sünd ook annere Tieden jetzund. — Sünst wöör ick man Hinnerk Swinegel de Hüsling, de bloot Afgaben to betahlen, aberst nicks mit intoreden harr. Siet der Revolutschoon aberst van dissen März, wo dat allgemeene Wahlrecht upkamen is, bün ick — Wähler, wahlberechtigter Staatsbörger, un heww nu ook 'n Woord mit to kören. Vandage is nu de wichdige Dag, wo wi Buuren alle, lütje un groote, up'n Amthuuse vörladen sünd, üm da en Deputeerten to'r Ständeversamlung to wählen, un da mutt ick nu hin un mitwählen."

„Wen wüllt se denn tum Deputeerten wählen?" — fragde siene Froo neeschierig.

„Wen se wählen wüllt, dat weet ick nich" — entgegnede ehr Mann — „aberst wen se wählen schüllt, dat weet ick!" —

„Wen denn?" — fragde siene Froo noch neeschieriger.

„Mi schüllt se wählen" — rööp de Swinegel so luut, dat de Katt, de unbemarkt während jüm ehr Gespräák up'n Disch klattert wöör un eben uut'n Melkputt to slappen anfungen harr, vör Schreck herünnerfüll.

„Mein Gott, Vader, wie schull dat woll möglick warden", swöögde siene Froo.

„Wie dat möglick warden? — dat schallst du hüt' Abend erfahren, wenn ick wedder nah Huus kaam. Jetzt segg' ick di man so veel: ick hol da an de to'r Wahl versamelten Buuren 'ne Red', wie se noch Keener vör jüm holen hett. Un wenn se mi nich darup eenstimmig to ehren Deputeerten wählet, so mag mi Jeder nahher mien Lebenslang Hansaars heeten un de lütjen Jungens möget mi, wenn ick dorch't Dörp gah, mit Roßappeln smieten, un ick will et mi gefallen laaten. — Överhaupt, wat meenst du denn, dat ick ümsünst mit'n Barbeer tosamen siet dree Maanden de Hamborger Zeitung holen un les't un daruut mit em Poletik studeert heww? — De dree Mark, de ick daför uutgewen, schüllt mi woll Tinsen drägen! — So!" — sä de Swinegel — „un nu giv mi mienen Gundagstock mit den messingenen Knoop un denn mienen Hoot her. Ick gah nu. Ünnerdeß maakst du hier en betjen rein, treckst di un de Kinner en betjen wat an un fegst de Schiet vör der Döhr weg, damit du mi würdig empfangen kannst. Denn wenn ick torügge kaam, denn bün ick wat mehr as'n gewöhnlicher Swinegel, nämlich — Deputeerter van der jetzigen tweeten Kamer. Un du heest denn hier in'n Huuse ook nich mehr Froo." —

„Aberst herrjeses!" — rööp se verschrocken — „wie denn aberst?!"

„Gattin! — heest du denn" — sä de Swinegel. Dabi sette he sienen Hoot up, nöhm den Eickheister mit'n messingenen Knoop in de Hand un güng stolt tum Huuse hinuut. —

Dat achte Kapittel.

Wie de Swinegel et anfüng, dat se em in sienen Amtsbezirk tum Deputeerten in de Ständeversamlung van Mussrika wählen dähen.

De Swinegel wöör de erste up'n Platz, de bi'n Amthuuse in den Dörpe, wo de Wahlversamlung afholen warden schull, ankööm. — De Amtsschriewer un de Amtsdeener wöören eben dabi, 'n grooten Disch vör'n Amthuuse hintostellen; denn, weil nah den neeen Wahlgesetz de Tahl der Wähler jetzt so veel grööter wöör, dat de Amtsstuv jüm swerlich alle faaten kunn, so harre de Amtmann, de as Wahlkummsarjus dabi fungeeren mußde, anordnet, dat de Wahlverhandlung bi den gooden Wedder in'n Freeen, up'n Hof vör den Amthuuse schull vörnahmen warden. Allmälig funnen sick denn nu de Buuren uut'n Amtsdörpe un den andern Dortschaften in.

Unnerdeß nu de Buuren sick so all jümmer mehr ansammelden, bemarkde de Swinegel, wie up der eenen Sied de Afkat mank jüm midden in eenen dicken Huupen stünd un den ganz iwrig torede, un eben so de

Pastor, de up der andern Siede, ook midden in eenen dicken Huupen, et eben so maakde.

„Aha!“ — sä drup de Swinegel liese bi sick — „de Beiden wüllt ook Deputeerte warden! — Ja, dree Dahler Deäten däglich, de smecket good, indeß to Huuse de Innahme ook ehren Foortgang hett. Da harren ji beiden gelehrten Herren woll Lust darto! — Fülle ook woll noch, wenn ji so recht nah de Ministers ehren Sinne stimmen dähet, noch so'n Titel extra oder'n Piepvagel-Orden oder sünst so wat för ju mit af. — Aberst, Prostemahltied! — Da schall ditmal nicks uut warden, ick will ju beiden woll den Paß verhauen!“ —

Indem he so vör sick spröök, seeg de Swinegel, wie de Amtmann mit'n dicken Aktenheft ünner'n Arm uut'n Amthuuse treede un up den grooten Disch, wo ook all'n Lehnstohl vör em parat stünd, togüng. De Afkat, de den Amtmann ook glick to Gesichte kreeg, söchte sick uut den Huupen der Buuren ruuttoarbeiden, üm toerst an den Amtmann rantokamen; aberst de Swinegel, de dat längst wittert harr, — kööm den Afkaten tovör, wöör, trotz siener scheewen Beene, mit eenen Sprung bi den Amtmann un spröök to den:

„Herr Amtmann, ick melde mi as erster Redner! Schrieven Se also mienen Namen baben an up ehre List'!“ —

„Sehr wohl, Herr Swinegel!“ sä de Amtmann, indem he sick dalsette un dat Pack Akten vör sick uutbreede.

„He nennt mi Herr Swinegel“ — spröök de Swinegel bi sick — „sünst kööm dat ook nich vör. Etwas hewwet sick de Tieden also all betert. Man süht doch, woto so 'ne Revolutschoon good is.“ —

Indem harr nu de Affkat ook sick bit an den Amtmann dörbrängt, maakde en deepen Kratzfoot, nöhm sienen Hoot af un sä:

„Ich wollte mir erlauben, mich bei dem Herrn Amtmann und Wahl-Commissarius als erster Redner anzumelden!" —

„Der Herr Swinegel hat sich bereits als erster Redner angemeldet" — entgegnede em de Amtmann.

„Wie?!" — dreihde sick de Affkat verwunnert nah den Swinegel rüm un fragde in spött'schen Ton: „Sie wollen als erster Redner auftreten, mein Werthester?!" —

„Ja woll, mein **Allerwerthester**, üm Se an Höflichkeit nicks schuldig to blieweu" — antwoorde de Swinegel — „un dat ick darto Se un ehres Glieken nich vörher üm Erlaubniß to bidden bruuke, dat denk' ick doch." —

„Ei gewiß nicht, nein" — sä verblüfft de Affkat — „ich meinte nur" —

„Ja, Herr Affkat, meenen dat drügt," — sä de Swinegel.

De Amtmann leet drup dorch den Amtsschriewer uut 'ner langen Liste de Namen aller to'r Wahl berechtigten Inwahner upropen, worup jeder Anwesende mit „**Hier**" antwoorde. As dat beendigt wöör, sprööt de Amtmann:

„Meine Herren Amtseingesessenen und Wahlberechtigten, ich eröffne hiemit die Wahlversammlung! Die geehrten Redner, welche sich selbst oder einen Andern zur Wahl empfehlen und dabei ihre Ansichten äußern wollen, sprechen nach der Reihe, wie sie eingeschrieben sind. Wenn Keiner mehr reden will, schreite ich dann zur Wahl selbst und lasse über den ersten Wahl-Candidaten abstimmen. Der Herr Swinegel hat sich als erster Redner angemeldet. Derselbe hat das Wort!" —

De Buuren, as se hörden, dat de Swinegel as erster Redner uptreden wull, maakden nich wenig 'n langen Hals un keeken den Swinegel, as he twischen jüm hingüng nah sienen Rednerplatz, dabi an, as ob se seggen wullen: „Na, so wat!“ Aberst de Swinegel leet sick dorch jüm ehr Ankieken nich verblüffen, sondern güng risch weg nah de Redner-Tribühn to, de de Gerichtsdeener, weil he nicks Beteres darto upfinnen kunn, uut 'ner umstülpten Aaltunn' maaket harr, un de rechts vör den Amtmann sienen grooten Tiisch stünd.

„Mit Verlööv“ — sä de Swinegel un töög den Afkaten, de tonächst der Tribühn up sienen Stohl gelehnt stünd mit'n sehr verdreetlich Gesicht, sienen Stohl weg, sette den neben de Aaltunn', steeg up den Stohl, van den Stohl denn up de Tunn', wo he sünst woll wegen siener korten scheewen Beene nich alleen hinupkamen wöör, — töög denn den Stohl in de Höchte un stelle em vör sick up den Tisch. As de Swinegel nu up der Tunne stünd, maakde he 'ne korte Pause, bit dat Gemurmel un Gesumse in der Versamlung still worden wöör, denn nöhm he sienen Hoot af, verneigde sick erst rechts un links nah den Buuren to un toletzt liek uut nah den Amtmann to, un füng nu siene Red' an, indem he sprööök:

„Meine Herren!!“ — Darup maakde he wedder 'ne lütje Pause. —

„He fangt siene Red' ganz schön an!“ — seggden eenige Buuren ünner sick. — —

„Ja, dat kummt gliecks noch schöner, paßt man mal up!“ — sä de Barbeer, den de Swinegel in den letzten Dagen vörher in sien Geheemniß tagen harr un de ganz up den Swinegel siene Sied wöör, weil de em versprooken harr, wenn he man erst as Deputeerter in der Residenz seete, denn wull he et bald maaken, dat de Fürst em tum Hof-Barbeer ernennen däh.

„Meine Herren!“ — sprööt nu de Swinegel nochmals, wobi he noch luuter schreede as dat erste Mal — „Geschätzte Anwesende! Hochgeöhrte Mit- und Staatsbörger!“ —

„Warraftig, de Red' ward schön" — seggden nu all mehre Buuren. — „Stille da! Stört em nich!" — rööpen jüm de Andern to, de all ganz erpicht darup wööreu, den Swinegel wieder to hören.

„Meine Herren!" — sprööt nu de Swinegel tum drütten Mal un noch luuter as de ersten beiden Male, maakde denn noch 'ne ganz lütje Pause un fahrde dann eben so luut foort:

„Wi wahlberechtigten un wählbaren Wähler uut dissen Amtsbezirk, wi sünd hier versamelt, üm eenen Deputeerten för us to wählen to'r tweeten Kamer!

„Eene nee Tied ist jetzt anbraaken, un Dejenigten, de sünst bi solken Dingen gar nich befragt wörren, de keen Woord dabi mitspräken dröwten, nämlich de lütjen Lühde — wat wi sünd, de Hüslinge, Köther un Dagelöhner — de mötet jetzt ook fraget warden un dröwet ook mitspräken. Dat is jetzt uhse Recht, wat wi jetzt bruuken künnt, wenn wi keene Schaapsköppe sünd." — —

„Bravo!" — schreede de Barbeer, de midden in den dicksten Huupen achter den Swinegel siener Rednertribühn' stünd, un sä to de beiden em nöchsten Buuren rechts un links, indem he jüm mit'n Ellbagen inne Rippen stött — „So schreet doch mit!!" — un

„Bravo! Bravo!" — schreeden de Beiden.

„Ich danke Ihnen, meine Herren!" — sä de Swinegel, wobi he sienen Hoot afnöhm un sick verneigde.

„He spricht schön!" — sä de Barbeer, wobi he sick vergnöögt de Hänne reev.

„Wunderschön spricht he!" — seggden de Buuren.

„Also, meine Herren" — fahrde nu de Swinegel foort — „laatet us jetzt de Hauptfrage betrachten, worup et hier eegentlich ankummt. — Disse Frage lutt: wen wüllt wi wählen? oder ook: wen mötet wi wählen? — wenn wi keene Schaapsköppe sünd. — Disse Frage is licht to beantwoorden. — De Antwoord heet: „Wi mötet denjenigten wählen, van den wi övertügt sünd, dat he in de Kamer för uhse Beste, för dat Wohl der lütjen Lühde, för us Hüslinge, Köther un Dagelöhner spräken un stimmen deiht. — In fröheren Dagen, wo bloot de Beamten un Bullmeiers un Halfmeiers un annere vörnehme Lühd' dat Recht harren to wählen, da wählden se jümmer Eenen uut ehrer Midde, Eenen van de Vörnehmen, van de Dickköppe un Fettbüüke. — Un wat dähe de denn in de Kamer? — De spröök un stimmde bloot tum Vördehl van siener Klasse, de sinne un wirkde bloot dahin, dat de Dickköppe man noch dicker un de Fettbüüke noch jümmer fetter warden dähen. Van us lütjen Lühde wöör bi jüm niemals de Rede, as höchstens, wenn us neee Stüern un Lasten upbürdet warden schullen. — Dat wöör de ohle Tied. Aberst de is nu Gottlov! vörbi. Un jetzt is de neee Tied da, wo dat geringe Volk, de lütjen Lühde, de gemeene Mann, nich bloot Plichten sondern ook Rechte hett, un de Rechte wullt wi jetzt gebruuken — wenn wi keene Schaapsköppe sünd." —

„Bravo!" — schreede de Barbeer un so luut, dat'n binah de Stimm' överschnappde, un stött dabi de Buuren rechts un links, un vör un hinder sick an, dat se alle mitschreen schullen, wat se denn ook dähen un nu alle sō luut „Bravo!" mitschreeden, dat den Gerichtsschriever vör Schreck de Fedder uut'r Hand füll, un de Amtmann — vör Erstaunen över siene Buuren — eene duppelte Pries' uut siener sülvern-verguldeten Snuftabacksdos' nöhm.

„Ich danke Ihnen, meine Herren!“ — sä de Swinegel, wobi he wedder sienen Hoot afnöhm un sick dabi noch deeper verneigde as dat erste Mal.

„Also“ — fahrde drup de Swinegel foort — „kaam' ick denn tum Sluß mieuer Rede un de lutt so! — Also mötet wi disset Mal keenen van de vörnehmen Lühde tum Deputeerten wählen, sondern wi mötet uhse Recht gebrunken, wat disse neee Tied us gewen hett — un mötet Eenen ut uhser Midde tum Deputeerten wählen, Eenen van de lütjen Lühde, un twarst Eenen, de good spräken kann, un dabi driefste ist, en gemeenen Mann, mit dem de Ministers un vörnehmen Keerls in der Kamer sick scheneert sick intolaaten, üm em to ehre Parthee heemlich rövertotrecken, also je gemeener desto beter!“ —

„Denn — Mitbörgers — künnt wi keenen Betern wählen as den geehrten Redner Swinegel sülvst!“ — schreede nu de Barbeer, de jetzt — (wie he et Dags vörher mit den Swinegel afkaartet harre) — den Oogenblick gekamen erachdede, vör dissen den Haupttrumpf uttospälen — wobi he sick neben den Swinegel up de Tunn' swüng; — „denn — Mitbörgers — dat is doch so — Keener van us sprickt dütlicher as de Swinegel, Keener van us is driester as de Swinegel, un Keener van us is — ook gemeener as de Swinegel! — Ick frage ju: Is Eener mank ju, de sick för noch gemeener hult as den Swinegel, de trede hervör un melde sick!!“ —

Aberst Keener trede hervör un melde sick. — Se sweegen alle still. De Amtmann sweeg still un de Afkat sweeg still un de Pastor sweeg still un de Gerichtsschriever sweeg still un de Gerichtsdeener sweeg ook still. Denn wenn Mancher ümmer jüm in Stillen ook den Annern oder sick sülvst för eben so gemeen hölde as den Swinegel, so wullen se dat doch nich luut seggen. Un de Buuren sweegen ook alle still, hauptsächlich, weil de dachden, dat van jüm doch Keener so good spräken kunn as de Swinegel.

„Nun denn, meine Mitbörgers" — spröök drup so luut, wat he man ropen kunn, de Barbeer — „da sich, wie vorauszusehen, Niemand auf meine Aufforderung meldet, so ist damit — der Mitbürger Swinegel einstimmig zu unserm Deputirten gewählt! — Herr Amtmann, lassen Sie die Gegenprobe machen, wenn es die Vorschrift so erheischt, und lassen Sie diejenigen, welche gegen diese Wahl sind, die Hände erheben!"

„Meine Herren Wähler" — spröök drup de Amtmann — „wer gegen die Wahl des Herrn Swinegel zum Deputirten ist, der erhebe die Hand!" —

Aberst keene Hand erhöv sick; de Buuren leeten alle ruhig ehre Hänne in den Böcksentaschen. —

„Dat wüßde ick ja im vöruut" — sä de Barbeer bi sick — „ehe so'n Buur de Hand uut'r Böckse treckt, kann de Himmel infallen. — Wenn ick dat Gegendehl as Probe för den Swinegel verlanget harre, dat se nämlich, üm em to wählen, de Hand harren erheben schullen, denn harre de Saake mißgaen kunnt. — Aberst 'n ächter Politikus mutt 'n Menschenkenner sien, wie ick Eener bün" — — sette he mit Selbstgeföhl hinto.

„Der Amtseingesessene Swinegel ist einstimmig zum Deputirten dieses Amtsbezirks für die zweite Kammer erwählt!" — sä nu de Amtmann. „Ich erkläre damit die heutige Wahlversammlung für beendigt!" —

„Es lebe unser Deputirter Swinegel! Vivat hoch! Hurrah!" — schreede drup de Barbeer, wobi he siene Mütze swüng, un —

„Vivat, Swinegel hoch! Hurrah!" — schreeden em nah alle Buuren.

„Mitbürger, ich danke Euch für diesen Beweis Eurer Achtung! — Ich werde Euer Vertrauen zu rechtfertigen wissen!" — spröök drup de Swinegel up Hochdütsch — wobi he sick mit der Hand de Nähs' snöv un den Snappen achter sick smeet. —

„Wenn er nur Stich hält, mein Lieber" — sä halfliese de Köster, de ook 'n Haupt-Politikus wöör, tum Barbeer — „und ihm, wenn er erst in der Residenz, man nicht auch der Hochmuthsteufel in den Kopf fährt, so daß er conservativ und der Volkssache abtrünnig wird!?" —

„So lange er sich mit der Hand die Nähse snaubt, Herr Cantor" — entgegnede de Barbeer — „steht er fest und bleibt, was er jetzt ist, ein Volksmann — das ist ein sicheres Prognostikon, können Sie mir glauben!" —

„Nun, dann wollen wir wünschen, daß er sich nie ein Schnupftuch anschaffe!" — sä de Köster.

„Sehr wahr!" — slööt dat Gespräák de Barbeer, wobi he sick mit'r Verneigung van den Köster veraffscheede, üm nah'n Krooge to gaen, wohin, mit Uutnahme der Vull- un Halfmeiers, de Buuren alle all hingaen wöören, ehren Deputeerten in'r Midde, un wo se uut Freude över disse famöse Wahl sick alle besuupen wullen, wat se ook dähen. —

As nu aber in der Residenz bi'n Fürsten van Muffrika de Nahricht indrööp, wat se in dissen Amtsbezirk vör 'ne Wahl drapen harren, da slöög de Fürst, uuter sick vör Verwunderung, de Hänne öwer'n Koppe tosamen un rööp:

„Man schickt mir einen Swinegel als Deputirten in die Kammer! — Das sind ja entsetzliche Zeiten!“ —

„Ach, Durchlaucht“ — spröök drup de Hofmarschall — „die Zeiten, fürchte ich, werden noch schlimmer als sie schon sind. — Gebe der Himmel nur, daß wir am Ende nicht gar noch einmal einen Swinegel zum Premierminister bekommen!“ —

„Dann müßte ich erst selbst zum Swinegel werden!“ — schreede de Fürst. — „Ich will allein sein!!“

Damit winkde he mit der Hand, de Hofmarschall verneigde sick dreemal un güng denn rückwarts to'r Döhr hinuut, so gau he man kunn.

As de Fürst alleen wöör, versünk he in deepes Nahdenken.

Dat negende Kapittel.

Wie de Swinegel up 'ne wollfeile Aart siene eerste Reise nah de Residenz as Deputeerter maaken däh.

„Bringt denn dat nu ook wat in, Vader, dat du nu Deputeerter worden büst?" — fragde den Swinegel siene Froo ehren Mann den Morgen, as he sick antöög, üm nah de Residenz to reisen, weil da Dages darup de Ständeversamlung eröpent wörre, wo he doch as Deputeerter nu mit dabi sien müßde.

„Dree Dahler Deäten däglich" — antwoorde de Swinegel.

„För dree Dahler to äten krieget ji däglich?" — fragde se erstaunt.

„Och, frag nich so dumm" — sä de Swinegel verbreetlich, denn he wöör in sienen Kopp jüst mit wichtige politsche Gedanken beschäftigt. — „Dree Dahler krieget wi Deputeerten jeder däglich uut der Staatskasse uutbetahlt, un för de künn wi äten un drinken, wat us lüstet — darüm heet dat so!"

„Och leewer Gott!“ — swöögde se — „so veel Geld kann jo doch an eenen Dage unmöglick en Minsch vertehren!“ —

„Un dat is ook mien' Afsicht nich in't Geringste“ — sä de Swinegel, — „ick denk' mi dägt wat davan öbertosparen. Ick will mi da as Deputeerter ganz sparsam inrichten. Krieg' mi drüm 'n Schinken un 'n paar Mettwüst uut'n Wiemen, sla mi 'n paar Pund Botter in'n Putt, un dat deihst du mi mit'n halwet Brot in'n Büdel, un da gah ick mit los!“ —

„Wult du denn de ganze Reis' to Foot maaken? — dat sünd jo sief Mielen Weges“ — sä se.

„Ja woll, dat denk ick. Wer sparen will, mutt glicks damit anfangen un nich erst morgen oder öbermorgen, süust ward'r nicks uut. Villicht draap ick ook de Post ünnerweges, denn gew ick den Postilljoon, de mi as sien' ohlen Kollegen van't Regiment all so geern mitnimmt, veer Schilling un föhr' as blinder Passascheer per Buck mit, oder ick draap ook 'n Buuren, de Holt oder Törf nah'r Stadt föhrt, un stieg' da en betjen mit up.“

Währrend he so spröök, harr de Swinegel sick so wiet, as em darto nöhdig schien, antagen, siene Froo reckde em nu den Provijant-Büdel her, den he mit de Dreckstebeln up'n Handstock öber de Schulder hüng, denn gew he siener Froo de Hand un spröök:

„Na denn adjüs, Gattin!“

„Och Gott“ — sä se half schamerig — „et kummt mi doch sunderbar vör, dat du mi so nöömst.“ —

„Et mutt aberst sien“ — sä de Swinegel mit Würde — „wi sünd jetzt Standespersonen un mötet uns allgemach nu ook an de vörnehme

Ümgangswies' gewöhnen. Darüm littst du et nu ook nich mehr, — hörst du! — dat de Kinner sick hier glieks vör dat Huus hinsettet un wat maaket; — laat jüm van jetzt an achter dat Huus gahn. De Panzen mötet nu ook allmälig fienere Maneeren kriegen. — Im Öbrigen paß mi good up't Huus un föhr' fix dat Regiment während miener Afwesenheit, wie 'ne ördentliche Swinegelsmoder tokummt. Un so denn adjüs, Gattin!"

„Krieg ick denn nich bald Nahricht van di, beste Vader" — sä se weenerlich — „damit ick mi nich to veel üm di ängstigen dohe?"

„Ick schriev an den Barbeer, weil du jo doch keen schreven Schrift lesen kannst, un de kann di den Breef vörlesen. Öbrigens warret ji ook woll bald wat van mi in de Zeitungen to lesen kriegen."

„In de Zeitungen?!" — fragde se verwundert.

„Ja woll. In de Zeitung warret nu woll bald so wat to lesen stahn as: „Gestern hielt der Deputirte Swinegel eine große Rede über Abschaffung des Zweikammersystems" — oder: „heute brachte der Deputirte Swinegel in der Kammer einen Antrag ein über eine neue Steuer für alle Diejenigen, welche wöchentlich mehr als ein reines Hemd anziehen."

„So wat wult du vörbringen, Vader?" — swöögde siene Froo, — „Herrjeses, wenn du man nich to wiet geihst!" —

„Ick denke jüm noch nöhger, as bit an't Hemd, up't Fell to kamen, disse Astokraten" — sä de Swinegel; — „se schüllt erfahren, wat et to bedüden hett, wenn en würklichen Swinegel in'r Kamer mit sitt un nich bloot luuter heemliche wie bither." —

Damit güng he to'r Döhr himut.

As de Swinegel ungefähr twee Stünnen marscheert wöör, kööm he in'n groot Holt, dorch welket de Fahrweg nah der Residenz sick hintöög.

„So" — sä de Swinegel bi sick — „nu wüllt wi eerst en betjen fröhstücken. De Klock is tein, dat is so mien Tied." Damit güng he van de Landstraat sietafswärts in't Holt, sette sick achter 'n dicken Busch, weil't 'n klaren Dag wöör un de Sünn all 'n betjen an to stäken füng, maakde sienen Büdel up, snedde sick 'n dägt Stück Speck un Brot af un füng an to äten, wobi he af un an ook 'n Sluck uut sienen Buddel nöhm. He wöör ungefähr mit sien Fröhstück fertig, da seeg de Swinegel en Extrapost-Kutsch up de Landstraat dessülvigten Weges, den he so wiet gaen wöör, daher kamen.

„Na, Swager, wohin geiht et?" — rööp he den Postilljoon an, as de Kutsch an em vörbiföhrde.

„Nah'r Stadt!" — antwoorde de Postilljoon.

„Aberst du föhrst för 'ne Extrapost ja bannig langsam" — meende de Swinegel.

„Ick hew noch nicks drunken vermorgen" — sä de Postilljoon.

„Aha" — sä nu de Swinegel bi sick — „dat sünd also siene Herrens, de he föhrt. Dat kenn' ick uut mien' eegene Postilljoons-Praxis; so'n vörnehmet Volk is jümmer nätschieterig un gierig, de laatet 'n Postilljoon selten 'n Sluck inschenken. Un de dummen Keerls müßden doch ook weeten, dat, je mehr de Postilljoon drinkt, desto gauer loopet de Pärde! — Na, wi wüllt wenigstens van disse langsame Fahrt profeteeren un us en betjen achter upsetten; denn — demüthig gefahren is beter as hochmüthig gegangen — wi dat Sprickwoord seggd."

So slööt de Swinegel sien Selbstgespräak, raffde sienen Provijant-büdel un de Dreckstebeln — denn he wöör uut Sparsamkeit bitlang barfoot marscheert — tosamen, lööp denn, so gau em siene Been' man drögen, der Kutsche nah, de he ook bald wedder inhalet harre, un wuppdi! seet he mit siener ganzen Bagasche dar achter up.

De veer Herren, de in de Postkutsch seeten, wöören aberst würklich, wi de Swinegel recht rahdeu harre, vörnehme Herren. Et wöören veer adlige Riddergoodsbesitzer, lebenslängliche Mitgleeder der eersten Kamer, de ook to'r Eröpnung der Ständeversamlung nah'r Residenz hin wullen. Natürlich sprööken se ünnerweges över dat politsche System un de klööksten Maafiregeln, de de Adel un de Astokratie överhaupt in disser Revolutschoons-Tied inholen müßde, üm up 'ne slaue Wies' ehre ohlen Gerechtsame un Vörrechte gegen de Wöhlers un Demokraten sick to erholen. De Swinegel, de nu, ohne dat jene dat ahnen kunnen, achter up ehrer Kutsche seet, un de en scharpet Ohr harr, kunn dat Meiste van dat Gespräk der veer Herren in der Kutsch verstahn.

„Wir werden sehr heftige Reden von den Mitgliedern der Opposition zu hören bekommen" — sä Eener der Eddellühde in der Kutsch; — „diese Demokraten werden ein entsetzliches Geschrei gegen uns und unsere Vorrechte und angeerbten Privilegien erheben!"

„Lassen Sie die Kerls nur schreien, mein lieber Baron" — antwoorde em en Andrer van de veer Herren — „wir bringen sie endlich doch wieder alle zu Bette!"

„Na" — sä de Swinegel halfliese vör sick — „wenn ji mi ook in jüe Bed mit hinin bröchtet, denn kunn et doch licht passeeren, dat ick ju dat Bed en betjen fuhl maakde!" —

Mittlerwiele harr de Swinegel et sick achter den Kutschenkasten bequem maaket. He harre sick siene korte Piepe mit'n Maserkopp ruutkregen, den vull „Petum“ stoppet, sick liese Füer anpinkert, un füng nu fix an to smöken. Dabi geschach et nu mehrmals, dat de Wind, de van achter her kööm, etwas van den Swinegel siene Tabackswolken in den Kutschenslag smeet.

Mehrmals harren nu all 'n paar van de Herrens drinnen de Nähse kruus tagen un snüffelt; un se dachden eerst, dat kööm woll van den

Postilljoon her, dat de sienen Kneller smöökde. Aberst de Postilljoon harre keene Piepe, sondern prüntjere bloot.

„Sonderbar“ — spröök endlich Gener van de veer Eddellühde — „wir rauchen doch Jeder unsre feine Havannah-Cigarre, und doch ist es mir schon mehre Male gewesen, als ob ich hier ganz gemeinen Kneller röche.“ —

„Ja, mir ist es auch schon so vorgekommen“ — meende en Tweeter van de Herren.

„Ja, töv man“ — sä de Swinegel halsliese lachend vör sick — „wenn wi man eerst in de Kamer mal tosamen sittet, denn will ick ju noch ganz anders inröökern, wie et hier geschüht!“ —

Un so schull et denn, wie wi nu balde hören warret, ook würklich kamen.

Dat teinde Kapittel.

Wie de Swinegel sick in de Ständeversamlung up de üterste Linke settet, un wie he bi 'ner Vörversamlung, de de Linke hööldе, dat Woord spröök: „Up veelel Snacken kummt et nich an, sondern dat man för siene Parthee to'r rechten Tied handeln deiht" — un wie de Swinegel dat wahr maakde.

As nu de Ständeversamlung eröpnet wörre, nöhm de Swinegel, wie nich anders to erwarten stünd, glieks sienen Platz up der Bank der Opposihtschoon un twar sette he sick up den Eckplatz an der ütersten Linken.

In den ersten veertein Dagen verhööl he sick ganz stumm, stimmde twar, wenn't an't Affstimmen kööm, jümmer fix mit siener Parthee, hööl aberst weder 'ne Red' noch sprööl he sünst 'n Woord bi de Verhandlungen. As drüm sien Vedder, de Virtelsmeier Snakenkopp, de ook eener van sienen Wählers mit wöör, ut'n Dörpe rinkööm nah de Residenz um den Swinegel besöchde, sprööl de to em:

„Aberst, mein Je, wat is denn dat Vebder? — Wi wöören so neeschierig up diene Reden in de Ständeversamlung un hewwt drüm jeden Abend, wenn de Zeitung kööm, us de van'n Barbeer in'n Krooge vörlesen laaten, aberst wi hewwt di bis jetzt da noch gar nich ünner de Redners mit upnöömt funnen! Hest du denn noch gar nicks spraaken in'r Kamer?"

„Ick hewo mi erst 'n betjen up't Luuren leggt," — antwoorde em da de Swinegel — „üm den Gang der Dinge un de Gesinnung van de andern Keerls kennen to leernen. Wenn för mi de Tied da is, warr ick all spräken. Un öbrigens hewwt ji doch woll lesen, dat da in de Zeitung in den Bericht van de Kamerverhandlungen oftmals schrewen stünd: Allgemeines Gemurmel von der Linken!" —

„Ja, dat hewwt wi faken lesen" — antwoorde Snakenkopp. —

„Na, da bün ick jümmer mit dabi wesen" — sä de Swinegel — „dat segg jüm man. Un denn harr ick di seggt: „Up dat veele Snacken kööm' et bi'n ächten Volksmann in der Kamer ook nich an, sondern dat he to'r rechten Tied handeln dähe" — un dat schullen se bald erfahren, dat ick dat Woord wahr maakde, sobald sick man de Gelegenheit darto fünne." —

Mit disse Antwoord wöör nu Snakenkopp tofreden, un as he nah Huus kööm un öwerbröchde de den andern Wählers un Buuren, da wöören de ook damit tofreden. Van den Dage an paßden se nu aberst höllisch up, wenn denn de rechte Gelegenheit tum Handeln för den Swinegel woll kamen wörde.

Disse Gelegenheit kööm aberst endlich würklich.

As nämlich de Ständeversamlung all veele Sitzungen holen harr, worin aberst meist doch man Nebenfragen verhandelt un ganz ober ook man halv erledbigt wöören, da nahde de Dag, wo för disse Ständeversamlung de eegentliche Hauptfrag' to'r Verhandlung un Entscheedung kamen schull. Dat wöör nämlich de sogenannte Domänenfrage. Dat wöör nämlich so damit. Bither harre de Fürst van Muffrika alle Domänen an Forsten, Bargwarken, Salinen, Möhlen u. s. w. as Kroongood, as fürstliches Familjen-Ergendohm beseeten. Nu verlangde aberst de Opposihtschoon, dat van jetzt an alle disse Domänen to Staatsvermögen erkläret, de sämmtlichen Inkünfte davan in de Staatskasse fleeten, de Fürst aberst för sick un sienen Huusholt un Familjen-Nothdurft en fastet Gehalt, wat man Zivilliste nennt, alljährlich kriegen schull, so wie et in England un Frankriek un Belgien un andern Ländern siet längern Tieden in Gebruuk wöör. — „Denn" — so seggde de Opposihtschoon — „wenn de sämmtlichen Domänen för Staatsräknung verhüert warret, so bringet se wenigstens dat Veer-Duppelte in, wi jetzt, wo'r bloot de fürstlichen Domänenpächters dick un riek van warret; un wenn wi denn uhsen Fürsten ook 'ne ganz düchdige Zivilliste uutsettet, so hewwt wi van de Domänen-Inkünfte doch noch'n paar Milljonen för den Staatsschatz över, womit wi sowoll van de ohlen Staatsschulden alljährlich 'n ördentlichen Plocken afbetahlen, as womit wi ook dejenigten Stüern, de up de ünnern Volksklassen am meisten drücket, verringern künnt." —

As nu de Dag der Sitzung herannahde, wo disse Domänenfrage in der tweeten Kamer entschieden warden schull, da höllde de Opposihtschoon eene Vörversamlung Abends vörher in eenen grooten Weerthshuus-Saal ünner sick af, wo se sick berahden wullen, wi se sick bi der Affstimmung in disser Frage den Sieg verschaffen wullen. Dabi spröök denn de Präsident disser Vörversamlung: „Meine Herren von der Opposition! Es steht sehr schlimm mit uns in dieser Frage. Ich fürchte, wir werden bei der Abstimmung in der Kammer gegen die Mitglieder der Regierung auf der rechten Seite in der Minderheit verbleiben. Sie wissen, wir sind in der Kammer, die Linke und Rechte, uns ziemlich an Zahl gleich. Nun ist aber der Uebelstand eingetreten, daß nicht nur einige von unsern Mitgliedern krank geworden und morgen nicht kommen können zur Sitzung, sondern daß auch manche ländliche Deputirte sich nicht länger hier haben halten lassen, und, wegen der bei ihnen daheim bevorstehenden Ernte, zu Hause gereiset sind. Es fehlen uns also morgen zur Majorität wenigstens fünf Abgeordnete oder deren Stimmen. Was ist dabei zu machen? — frage ich Sie."

„Wenn nur von der Regierungspartei, von der Rechten, zu der Sitzung eben so viele ausblieben, oder wenigstens bei der Abstimmung fehlten!" — bemarkde en anderet Opposihtschoons-Mitgleed.

„Ja, dann wäre uns der Sieg gesichert!" — seggde de Präsident.

Up eenmal stünd de Swinegel van sienen Stohle up un sprööt:

„Wat is dat, meine Herrens? — Also, wenn man fief oder söß van de Regierungskeerls bi de Affstimmung nich da sünd, denn is de Sieg uhse, meenet Ji?"

„Ja wohl, geehrter College" — sä de Präsident, — „wenn nur so viele von der Rechten im entscheidenden Momente nicht am Platze wären, so würde ganz sicher der Sieg unser sein."

„Na, good denn" — sä mit Nahdruck de Swinegel — „dat nehm' ick up mi, dat to Stande to bringen." —

„Wie, geehrter College" — entgegnede em de Präsident — „Sie

hoffen doch nicht etwa, wenn Sie heute Abend bei den Mitgliedern der Rechten umhergehen — vorausgesetzt, daß Sie mit einigen derselben in einem intimeren Verhältnisse stehen sollten, was ich freilich für sehr möglich halte — Sie hoffen und glauben doch nicht etwa, davon Einige durch Ihre Vorstellungen, durch das, was Sie zu denen sprechen wollen, für uns gewinnen zu können?!"

„Och, dummes Tüg" — antwoorde de Swinegel — „wat sprechen, — hier helpet keen Spräken mehr, hier mutt man to handeln weeten." —

„Sehr richtig, geehrter College" — füll em nu wedder de Präsident in't Woord — „aber ich begreife nur nicht, wie Sie hiebei handeln wollen? Ich wüßte in der That nicht, welches Mittel Sie in Anwendung bringen könnten, so daß im entscheidenden Augenblick der Abstimmung ein halbes Dutzend Mitglieder der Rechten auf ihrem Platze fehlten?!" —

„Wat för'n Mittel?" seggde de Swinegel — „na, eegentlich is dat mien Geheimniß! Aberst wenn Ji et denn doch so geerne weeten möchtet un et to Juer Beruhigung deenen kann, so will ick et Ju seggen. Aberst gewet mi vörher Alle Jue Ehrenwoord, dat Ji swieget. Davan dröv Keener, uuter us Opposihtschoons-Mitgleeders, vörher 'ne Ahnung hebben. Wüll Ji mi Jue Woord drup gewen?" —

„Ja woll! Ja woll!" — rööpen alle Opposihtschoons-Mitgleeder. —

„Na, denn so höret to" — seggde nu de Swinegel, wobi he en famöset Gesicht maakde — „mien Middel is: — — ick stinke se weg!!" —

„Wat? — Was? — Wie?" — rööpen eenige Mitgleeder, de nich glicks verstünnen, wat he damit meende. —

„Wie ick dat maake? — fraget Ji" — sä de Swinegel. „Dat is ganz eenfach. Hüte Abend, eh ick mi to Bedde legge, äte ick en Pund

Knoblook un nehme dabi toglick wat to sweeten in. Denn hewwe ick morgen to rechter Tied eene Huut-Uutdünstung so scharp, dat et keen Osse in miener Röckde uuthült. Wenn denn nu morgen fröh de Debatte so wiet vörschritten is, dat se nu nahe to'r Affstimmung steiht, etwa so'n tein Minuten vörher, denn gahe ick van mienen Platz up der ütersten Linken plötzlich weg un sette mi midden ünner de Rechte up de Bank, wo jüst de vörnehmsten Keerls van der Regierung un de abligen Deputeerten sittet, de de Buuren dumm genoog wesen sünd, ook mit in de tweete Kamer to wählen. Un denn passet man mal up, denn schall et nich lange duhren, denn vertrecket sick Eener nah den Andern van de Muschühs; dat hult Keener van disse fienen Nähsen in miener Röckde över'n paar Minuten uut. — En half Dutz wegtokriegen, segget Ji, darup kummt et an? — Ha, dat is Kinnerspill vör mi. Ick glöv, wenn ick et ördentlich drup anleggen will, so stinke ick nöhdigenfalls de ganze Rechte uut'r Kamer weg!"

De Opposihtschoons-Mitgleeder keeken sick alle verwunnert an un wüßden nich, wat se darto seggen schullen. Da bröök de Präsident, de en Afkate wöör, plötzlich dat allgemeene Stillswiegen un rööp:

„Ausgezeichnet! Ausgezeichnet! Vortrefflich! — Ja, geehrter College Swinegel, Sie haben Recht! Dieses Ihr Mittel ist unübertrefflich, kühn zwar, sehr kühn ist es — aber, wie wir Lateiner sagen — „audaces fortuna juvat" — aber unfehlbar. — Sie sind ein tiefer Menschenkenner nicht nur, sondern wirklich ein Casuist, der seines Gleichen sucht. Schade, daß Sie nicht Jura studirt haben. Was hätten Sie für neue Einreden, für außerordentliche Rechtsmittel &c. ausfindig gemacht, auf welche nie vorher ein Rechtsgelehrter gekommen. — Seien Sie ganz ruhig, meine

Herren, seien Sie vollkommen beruhigt. Der Sieg ist unser. Wo solche Hülfe, wie sie unser Freund Swinegel hier in petto hat, im rechten Augenblick zur Stelle ist, da kann der Sieg nicht mehr zweifelhaft sein!"

„Na" — sä drup de Swinegel, to de andern anwesenden Collegen sick wendend — „höret Ji nu woll, dat ick Recht heww, wenn ick behaupte, dat ick Ju dorch mien Middel ganz untwiewelhaft tum Siege verhelpe? — Ji höret et jetzt uut dem Munde uhses Herrn Präsidenten sülvst. Un de weet, wat so wat to bedüden hett! Dat is'n Afkate, un weet as solker am besten, wat'n to'r rechten Tied mit 'ner ördentlichen Stänkeree mank den Partheen uutrichten kann!"

Damit slööt de Vörversamlung. De Opposihtschoons-Mitgleeder güngen nah Huuse un leggden sick alle ruhig slaapen, denn se verleeten sick för den kamenden Dag nu ganz up den Swinegel, dat de im entscheidenden Oogenblick, wie he verspraaken harre, för jüm alle handeln wulle.

Un dat dähe he denn ook.

Dat ölfte Kapittel.

De Swinegel verhelpt dorch sien „Handeln" der Opposihtschoon tum Siege in der Domänenfrage, wat de Kamerpräsident bi'n besten Willen nich to hindern vermuggde.

Un de Swinegel hööl sien Woord un dat so good, wie et woll noch nie 'n Swinegel in der Ständekamer för siene Parthee dahn hett. As nämlich am nächsten Dage de Kamersittung över de Domänenfrage nu so wiet kööm, dat de letzte Redner all daröber spröök, ungefähr tein Minuten vör de Affstimmung, stünd plötzlich de Swinegel van sienen Platze an der üütersten Linken up, güng nah der rechten Siede hinöber un seggde to de Mitgleeder da:

„Mit Verlööv, meine Herrens! Ich wünschte mich jetzt mank Sie zu setten."

De Herren van der Rechten maakden em nich mehr as geern Platz. Se dachden nich anners, as de Swinegel harre sick plötzlich to ehre Meenung bekehrt un wööre över Nacht uut'n Opposihtschoons-Mann tum

Regierungs-Mann worden. Denn so wat wöör in fröhern Tieden ook woll af un an mal mit'n Swinegel van der Linken vörkamen. — Weil disse Swinegel aberst bither de gefährlichste van alle Opposiĥtschoons-Männer wesen wöör, so maakde sien Öwergang to ehre Parthee jüm natürlich ook desto gröötere Freud'. Se rückden darüm glieks up ehrer Bank nöhger tosamen un leeten den Swinegel midden ünner sick dahlsetten.

„Also, verehrter College, Sie haben sich plötzlich in Ihrer Ansicht bekehrt und treten in dieser wichtigsten Staatsfrage zu unserer Partei über?" — fragde em en Finanzrath, de links van em seet, wobi he em fründlich de Hand drückde.

„Ja woll" — sä de Swinegel — „wenn ick man wüßde, ob ick Se eegentlich hier ook willkamen bün?" —

„O, von Herzen willkommen, zwiefach willkommen!" — seggde en Stüerrath, de rechts van em seet, wobi he ook den Swinegel de Hand drückde. — „Ich versichere Sie, unsere Freude über den Gewinnst Ihrer Person hier ist allgemein!"

Aberst de Freude schull man nich lange duuren. De Swinegel harre woll kuum eerst twee Minuten mank jüm seeten, da füng eerst de Finanzrath links an de Nähse to trecken un to snüffeln, un nöhm sick 'n Pries' un stoppde sick de hinin, un denn nöhm he sick noch en Pries' un stoppde sick de ook hinin, un as dat aberst doch nicks verslöög, da stünd he sachte up van de Bank un sleek to'r Kamer hinuut. Un de Stüerrath rechts füng an de Nähse to trecken un to snüffeln, un weil de nich mal en Tabacksnuffer wöör, so stünd de up un maakde noch gauer, dat he to'r Kamer hinuut kööm, un nah em maalde et de Drütte so van der Bank der Rechten un de Veerte un de Föfte, un et duure keene tein Minuten so wööre de ganze rechte Bank leddig bit up den Swinegel un 'n ohlen panschoneerten Justizrath achter em, de all siet tein Jahr den Stocksnuppen harr un nicks mehr runken döhe sietdem un wenn ook de Düwel sülvst, mit allen sienen Düwelsdreck ünner sick, vör em seeten harre.

Dat Resuldad van de Sitzung füll denn ook ganz so uut, wie et de Swinegel vöruut seggt harre. As de Debatte tum Sluß güng un de Kamerpräsident, wat ook 'n Regierungsmann wööre, mit Angst bemarkde, dat de ganze Bank der Rechten, bit up den ohlen stocksnuppigen Justizrath un den Swinegel, leddig wöör, da schickde he den General-Sekertär in dat Restauratschoons-Zimmer hindahl, wo de ganze van den Swinegel wegstunkene Rechte seet, un leet jüm bidden, üm Goddeswillen doch gau up ehre Plätze torüggetokehren, sünst wörre de Regierungs-Parthee van der Linken överstimmt. Averst de Mitgleeder leeten em antwoorden: „he muggde erst den Swinegel van ehrer Bank wegschaffen, denn wullen se torüggekamen. Wenn dat nich geschähe, oder wenn he sünst keen Middel gegen den Swinegel sien Stinken antowenden wüßde, denn köömen se nich, et mug davan kamen, wat'r wulle, un wenn de ganze Staat daröber to Grunde günge!" —

Wat schull de Kamerpräsident averst dagegen anfangen? —

„Mein Himmel!" — seggde he halfliese to dem General-Sekertär, as de em disse Antwoord hinnerbröchde — „was kann ich dabei thun?! — Ich weiß nicht, wie ich ihn von der Stelle da, wo er ein solches Unglück für uns angerichtet hat, wegbringen soll. Ueberhaupt habe ich als Präsident kein Mittel in meiner Macht, ihn in dieser Hinsicht unschädlich zu machen. Ich kann dem Swinegel wohl, wenn er hochverrätherische oder injuriirende Reden ausstieße, als Präsident zur Ordnung rufen und ihm also den Mund verbieten, aber" — seggde de Präsident achzelzuckend tum General-Sekretär, wobi he eene half truurige un half lächelnde Miene maakde — „ich kann doch nicht" —

„Ja woll" — seggde de Swinegel, de mit sienen scharpen Gehör disse letzten Woorde des Präsidenten verstahn harre — „da hett he Recht; he als Präsident kann mi als Mitgleed woll dat Muul stoppen, aberst — wie all Metternich siener Tied richtig bemarkde: „in den untersten Regionen des Volkslebens hört alle ministeriell-absolutistische Einwirkung auf" — — — —

Ünnerdeß drängden de Opposihtschoons-Mitgleeder, dat nu endlich affstimmt wörre. De Präsident kunn sick den nich länger wedderfetten. De Affstimmung güng vör sick un da uuter den ohlen stocksnuppigen Justizrath un den boshaften Swinegel man noch etwa en half Dutz Centrums-Mitgleeder för de Regierung stimmden, so wöör dat Resuldad, dat de Opposihtschoon in der Domänenfrage mit eener noch gröötern Majorität van Stimmen, as de Swinegel im vöruut verspraaken harr, nämlich nich mit fief sondern mit dörtein Stimmen mehr den Sieg davan dröög.

As nu de Nahricht hievan an de Ministers öwerbröcht wörre, de jüst to 'ner Gesammt-Ministerjums-Sitzung versamelt wöören, füllen se sämmtlich vör Schreck van ehren Stöhlen.

Et duure eene tämliche Wiele, ehe se wedder to'r Besinnung kôömen. De eerste van de fief Mussrikanischen Ministers, de sick wedder uprappelde un de Spraake wedder gewünne, wöör de Minister för't Innere.

„Das ist ja eine heillose Geschichte!" — rööp he uut — „wie ich sie noch nie erlebt habe, so lange ich im Staatsdienste bin, ein oppositionelles Vorkommniß, unerhört in der parlamentarischen Geschichte aller Zeiten!" —

„Ja, in der That, ein gräuliches Factum, dessen Folgen uns Allen, meine Herren Collegen, möglicher Weise mit einem Stoße den Garaus machen könnten, fürchte ich" — füll em de Minister för't Uutwärtige in't Woord.

„Wie so? Was wollen Sie damit sagen, Herr College?" — fragde de Kriegsminister, de im Kleenstaate Muffrika, weil he da eegentlich nicks to dohn un ook nicks to verstahn harr, van den siefen de dümmste wöör — „ich verstehe Sie nicht." —

„Was ich damit sagen will? — Ich will damit sagen: daß der Fürst — welcher, wie Sie wissen, meine Herren, sich ja leider einbildet Humor zu haben und denselben bisweilen auch der Welt beweisen zu müssen — daß, wenn der Fürst von dieser — es läßt sich doch nicht abläugnen — gewissermaßen ingeniösen Oppositions-Tactik des Deputirten Swinegel Kunde erhält, daß dann, meine ich, der Fürst vielleicht plötzlich auf den Einfall käme, den Deputirten Swinegel zu sich berufen zu lassen, und schließlich gar ihn als außerordentliches Mitglied, um ihn für die Ständekammer unschädlich zu machen, mit in den Staatsrath, also recht eigentlich in unsere nächste Nähe, versetzte!" — —

„Um's Himmelswillen! Nur das nicht!" — schreede de Finanzminister — „Sonst sind wir Alle verloren. Denn, würde der Swinegel unser College, das ist klar, so stinkt er in Kurzem das ganze Ministerium, das ohnedies schon seit einiger Zeit wackelt, auseinander, ehe nur irgend ein Rettungsmittel dagegen aufzufinden ist!!"

„Ich glaube, da sehen Sie doch etwas zu schwarz, geehrter College" — meende de Minister för't Innere; — „überhaupt kommt mir jene ganze Kammergeschichte doch etwas übertrieben vor, ich meine — verstehen

Sie mich wohl! — von des Deputirten Swinegel asafötidaischer Wirksamkeit. — Denn, erwägen Sie nur, wenn er diese Eigenthümlichkeit in so extremem Grade besäße, wie, frage ich Sie, hätten es dann die übrigen Deputirten von der Linken, unter denen der Swinegel nun schon wochenlang seinen Sitz inne hat, es nur in seiner Nähe aushalten können?!" —

„Die?!" — sä mit 'ner ganz astokratisch verächtlichen Miene de Minister för't Uutwärtige, wat de öllste Eddelmann van de siefe wöör un ook de am meisten adelstolte van jüm — „die Mitglieder von der Linken, fragen Sie — wie die es in seiner Nähe haben aushalten können bis jetzt?! — Das ist ja sehr erklärlich — die Kerle stinken alle!" —

„Morjen!" — grüßde da plötzlich de Minister för't Innere siene Collegen sehr luut, greep sienen Hoot up un rennde to'r Döhr hinuut, as ob jüst de Blitz in't Zimmer inslaen harr. —

„Was fällt denn unserm bürgerlichen Collegen für das Innere ein, daß er sich auf einmal und so brüsk von uns verabschiedet?" — fragde erstaunt de Minister för't Uutwärtige. —

„Lieber Freund" — antwoorde de Finanzminister — „Sie haben ihm mit Ihrer Bemerkung über die Linke gewissermaßen geradezu in's Gesicht geschlagen; — haben Sie denn nicht bedacht, daß unser bürgerlicher College des Innern früher als Deputirter selbst zur Opposition gehörte und auf den Bänken der Linken mit saß, ehe wir — eben um ihn für unser System unschädlich zu machen — seine Berufung in's Ministerium bewirkten?!" —

„Verflucht!" — sä de Minister för't Uutwärtige — „daran hatte ich gar nicht gedacht. — Wenn er nur nicht dafür auf Rache wider uns sinnt?" —

„Ich fürchte, unser bürgerlicher College, der Minister des Innern, geht jetzt direct zum Fürsten, — dann aber fürchte ich für uns Andern Alles — vom Humor des Fürsten — wiederhole ich — selbst das Schrecklichste" — sette upseufzend de Finanzminister hinto.

„Ja wohl, es ist schrecklich" — flööt de Minister för't Uutwärtige, — „wenn ein Land einen Fürsten hat, der Humor hat und dazu grob ist." —

Damit stünnen se up un verleeten dat Sitzungs-Zimmer mit Gesichtern sämmtlich, as ob jüm Allen de Petersilje afhagelt wööre.

Dat twölfte Kapittel.

Wie de Fürst van Auffrika den Swinegel to sick ropen leet, un wat he em vör en Anerbeeden maakde.

Wie hewwt hört, dat de Fürst, as he domals de Nahricht erhöölde, dat se den Swinegel in sienen Amtsbezirk tum Deputeerten erwählt harren, sienen Hofmarschall anschreede mit den Woorden: „Ich will allein sein!" — un darup in deepet Nahdenken versünk. — As de Fürst nu disse tweede Nahricht erhöölde över den Sieg der Opposihtschoon in der Domänenfrage, schreede he sienen Hofmarschall un dat Gefolge noch ballstüriger an un rööp: „Fort! Hinaus! Ich will ganz allein sein!" — Un darup versünk he in noch deeperes Nahdenken. —

Nahdem he fief Minuten nahdacht harr — denn länger pleggde he dat niemals to dohn, ook över de wichtigsten Staatsfragen nich — floitje he dreemal up'n Duhmen, wat bi em dat Signal wöör, dat de Hofmarschall kamen schull. Denn he kummandeerde sienen ganzen Hofstaat mit dat Floitjen up'n Duhmen. Eenmal Floitjen wöör för siene Hunne, tweemal Floitjen gülde för den Kamerdeener, dreemal Floitjen för den Hofmarschall u. s. w. De Fürst floitje also dreemal up'n Duhmen un de Hofmarschall treede rin. Nahdem he sienen Kratzfoot maaket harre mit'r Nähse bit to'r Eerde un sick wedder half uprichtet, sprööl de Fürst:

„Deputirten Swinegel sprechen wollen! Hinfahren mit Hofkutsche! Gleich kommen!" — Darup maakde de Fürst mit den Lippen den Ton „Pfütt!" — wat för den jüst bi em Anwesenden so veel bedüde, as: „Marsch! Furt!" — oder „Hol Di jo nich up!" — De Fürst harr sick, wie wi all wetet, Eeniges van groote Regenten der Vörtied angewöhnt; un so harr he sick, tum Bispill, van Friedrich den Grooten dat korte afgebrakene Spräken angewöhnt, weil he den sünst ook nicks Besonderes nahmaaken kunn. Dat Pfütt! wöör aberst siene eegene Erfindung, un de gefüll em so good, dat he sick in Stillen wundere, dat andere Fürsten em dat wenigstens nich all wedder nahmaaket harren. — Na, villicht geschüht et nu aberst doch noch van eenen oder andern Regenten, de disse Geschichte list.

As de Hofmarschall in de Dakkamer rintrede, wo de Swinegel sien Loschie nahmen harr, nahdem de Swinegel up sien Ankloppen: „Rin! Wenn't keen Snieder is!" — roopen harr — da stutzde de Hofmarschall, denn de Swinegel seet mit'n blooten Hindern up'n Bedde un flickde jüst siene Böckse. As nu de Hofmarschall siene Meldung van den Fürsten vörbröchde, sä de Swinegel:

„Ja woll, Herr Kamerdeener." —

„Ich bin Hofmarschall" — sä de Hofmarschall mit Nahdruck.

„Na, dat kummt bi Ehren Herrn woll tämlich up Eens hinuut. — Aberst mienetwegen ook dat. Also Herr Hofmarschall! — Se mötet sick en Oogenblick geduldcn, bit ick man eerst miene Böckse heel hewwe. — Ja, dat wundert Se woll, dat Se mi hier so sehet" — sette he drup hinto, as he den Hofmarschall siene erstaunte Miene bemarkde. — „Aberst, dat is dorchuut nich tum Verwundern. Denn, sehn Se, disse ohlen vermuckten Kamersittungen, de de Deputeerten sowoll wie de Regierungs-Kumßärs dorch ehr unnützet Snacken so dunnerwehrsch in de Länge trecket, — da ritt Eenen nich bloot de Geduld, sundern ook de Böckse bi entwei. Man mutt se sick wenigstens toletzt dabi twei sitten, un wer denn överhaupt man eene Böckse hett, wie ick, de mutt se sick sülvst flicken. Un dat schimpet ook nich, nah dem Sprickwoord „Arbeit schimpet nich!" — Un denn överhaupt hett all mancher groote Mann dat sülvst dahn. — So hett, tum Bispill, de nahherige König Lui Filipp van Frankriek, as he während der Revolutschoons-Tied, as verbannter Prinz Orleans, in der Sweiz as Schoolmester sick sien Brod verdeenen müßde, sick domals ook männigmal sülvst de Böcksen flicket un noch de Strümpe darto stoppet." —

Damit wöör de Swinegel mit siene Arbeit fertig worden, töög sick siene Böckse an, sodann sienen Rock, nöhm sienen Hoot un spröök: „So, nu künn wi gahn, Herr Exlenz!" —

De Beiden steegen nu de Trepp' hindahl; en fürstlichen Lakai maakde jüm de Huusdöhr up, sodann den Kutschenslag, de Swinegel steeg toeerst hinin — denn he müßde ganz good, dat bi solken Gelegenheiten en Deputeerter jümmer vör alle Höflinge den Vörtritt hett; — de Hofmarschall steeg denn ook in, un so föhrden de Beiden denn to Hofe.

As de Hofmarschall mit den Swinegel, bissen wedder vöran, tum Fürsten in sien Audienzzimmer trede, spröök de Swinegel:

„Gu'n Morgen, Herr Fürst Durchlaucht! Da bün ick. Wat steiht to ehren Befehl?!" —

De Fürst maakde gegen den Hofmarschall „Pfütt!" — worup disse slünigst hinnutspazeerde. Denn de Fürst pleggde niemals to Eenem van siene Lüdde tum tweeten Male Pfütt! to seggen. Tröste Gott, wenn dat villicht Eener van jüm mal överhören dähe un nich stracks güng, denn smeet de Fürst jüm glieks wat an'n Kopp, sienen Schoh, oder sien Zepter oder 'n half uutgekauten Appel oder sünst so wat. Mit Pfütt! kreeg he darüm Alles, wat he bi sick nich länger hebben wull, weg; bloot de Ständeversamlung, de kunn he mit sien Pfütt nich wegkriegen, wat ook lebenslänglich sien Ärger wöör.

As nu de Fürst mit den Swinegel alleen wöör, spröök he:

„Sage Er mir, wie ist es möglich gewesen, daß ich mit meiner Regierung in dieser mir wichtigsten Sache, bei der Domänenfrage, in der Ständekammer eine Niederlage erlitten habe?!" —

„Dat kummt daher, Durchlaucht" — antwoorde de Swinegel — „weil ehre Ministers Schaapsköppe un ehre Beamten Bangebödksen sünd!" —

„Wie soll ich das verstehn?" — sä de Fürst — „erkläre Er mir das näher!" —

„Dat is so to verstahn, Durchlaucht, dat ehre Ministers et up eene ganz dummerhaftige Wiese anfungen hewwet, disse Domänenfrage vör de Kamer to bringen."

„Aber wie hätten sie es denn anders machen sollen, dieselbe vorzubringen?" — sä de Fürst.

„Ehre Ministers harren, bevor de Kamer tosamentrede, eene öffentliche gedruckte Ansprache in Dusenden van Eckzemplaren, an dat Volk gerichtet, müßden im Lande verbreeden laaten, worin se et dem Volke untenanderfetteden, dat et höchst ungerecht un unzweckmäßig wööre, dem Fürsten siene Domänen to nehmen un em dafür up eene Zivilliste to setten, un dat de Fürst sick dat nich gefallen laaten kunne, wenn he nich sülvst siene monarchische Unafhängigkeet rungeneeren wulle." —

„Und Er meint, eine solche vorgängige Ansprache hätte geholfen?" — seggde de Fürst.

„Ganz gewiß. Wenn ick ehr Minister wesen wööre, ick harre eene solke Ansprake an dat Volk erlaaten, un Se schullen mal sehn hebben, et harre hulpen. Denn dat Volk, Durchlaucht, mötet Se weten, hett nich bloot gesunden Minschenverstand, sondern ook Gerechtigkeitsgeföhl. Un dat Volk will darüm nich, dat siene Fürsten to blooten Beamten oder gar to Speelpoppen van de Aristokratie herafdrückt warret, dat Volk wünschet darüm, dat siene Fürsten in ungeschmälerter Hoheit un Ansehn verbliewet, un lett den Fürsten darüm gewiß geern siene Domänen un anderet angestammtet Familjengood, wenn et den Volke man recht vörstellet ward." —

„So? — Hm!" — seggde de Fürst un versünk wedder in en lütjet Nahdenken. Nah 'ner Minute fahre he empor un spröök:

„Und gesetzt, Er würde heute oder morgen mein Minister, getraute Er sich alsdann, als solcher die Domänenfrage von Neuem für mich aufs Tapet zu bringen und zwar dieselbe siegreich für mich durchzuführen?" —

„Wat, Se mi to Ehren Minister maaken?" — lachde de Swinegel — „dat is doch woll man Ehr Spaß?! — Wat wullen da woll Ehre Collegen, de andern dütschen un europäischen Fürsten, to seggen, wenn Se den Swinegel to Ehren Minister maaken dähen!" —

„Laß sie sagen, was sie wollen" — schreede de Fürst — „wenn ich nur meine Domänen wiederkriege. — Ich bin kapabel, dafür nöthigenfalls meinen ganzen Hofstaat aus lauter Swinegeln zusammenzusetzen! — Und überhaupt, lieber Freund, was glaubt Er? — Denkt Er etwa, daß Er der Erste seiner Art auf diesem Posten wäre? — Ich sage ihm, die Fürsten haben seit Salomo's Zeiten von jeher mehr Swinegels zu Ministern gehabt, als ihre Völker und ihre Geschichtsschreiber nur Ahnung davon hatten! — Freilich waren es meist nur heimliche Swinegels und die sind viel schlimmer als die offenbaren Swinegels." —

„Ja, da möget Se woll nich Unrecht hebben" — sä de Swinegel

— „un Se meenet nu, weil ick 'n offenbaren Swinegel bün, so muggden Se et mit mi woll mal versööken?"

„Ja woll, das meine ich" — sä de Fürst — „also sage Er, will Er mein Minister werden, natürlich mein Premier-Minister, der ein ganz neues Cabinet bildet, — und mir als solcher dann meine Domänen wieder verschaffen? — Sage Er „Ja" zu Beiden! — Ich bitte Ihn herzlich darum; ich weiß mir sonst wahrhaftig nicht mehr zu helfen." —

„Na denn, in Gottes Namen, et mag sien. Obschoonst ick et nich geern dohe, mi uut mien lütjet Familjenglück, uut mien stillet bitheriget Swinegel-Leben heruuttrecke un mi in den Strudel der grooten Welt smiete, so mag et doch darüm geschehen. Gellet et doch dat Glück mienes Vaderlandes un mienes Fürsten, wat in jedem gooden Staate eens sien mutt. Ick nehme also den Posten an un will Ehr Premier-Minister warden, aberst nur ünner eenigen uutdrücklichen Bedingungen!" —

„Und was wären denn das für welche?" — sä de Fürst — „rede Er!" —

„Eerstens" — seggde de Swinegel — „dat Se mi van jetzt an un in alle Tokunft nich mehr per Er anredet. Dat is jetzt nich mehr an'r Tied. — As wi Buuren noch luuter Meyers wöören, as Hörige un half Lieweegene den Eddellüden un Ridbergoodsbesitzern ünnerdahn wöören, da mußden wi uns dat woll gefallen laaten. Dat is aberst vörbi siet der Aflösungsordnung. Siet de Buur dorch disse een freeer Mann un en freeer Besitzer sienes Grundes un Boddens, överhaupt sienes Egendohms worden is, mit eenem Woord, siet de Buur nich mehr des Eddelmanns Knecht is, will he överhaupt keenes Minschen Knecht mehr sien, un lett sick darüm van Keenen mehr, un wenn et sülvst sien Fürst wöör, per

Er tituleeren. Un sliesslich, Durchlaucht, mötet Se dat Er-Nennen Friedrich den Groszen nich nahmaaken, da Se em doch sünst nicks nahmaaken künnt, wie ick glöwe."

„Das ist kein Compliment für mich, wenn Sie das glauben" — lächelde de Fürst, de all anfüng, dorch den Swinegel sienen gesunden Verstand good gestimmt to warden.

„Nä, dat schull et ook nich sien" — seggde de Swinegel — „up Kumpelmente künnt Se öberhaupt bi mi nich veel räknen. Dat is eenmal nich sehr gebrüklich in miener Familje." —

„Schon gut!" — sä de Fürst — „die erste Bedingung also ist zugestanden. Und welche wäre die zweite?"

„Dat wi Beiden in uhsen Umgang öberhaupt nich to intim mit enanner warret! — Denn dat dögt nicks twischen Herr un Deener. Beide mötet sick nich mit enanner gemeen maaken. Dat nümmt sünst jümmer en slechtet Ende, un de Wirthschaft litt darünner. Ick nenne Se also Durchlaucht, un vör den Lühden un öberhaupt öffentlich nennt Se mi „Herr Minister" oder „Herr Swinegel." — Wüllt Se — ick meene, wenn Ehr Hart Se später villicht darto drängen schull — af un an ook mein lieber Swinegel to mi seggen, so möget Se dat mienetwegen ünner veer Oogen dohn. Aberst vör den Lühden seeg ick et eegentlich nich geern. Et is mi to familjär; un denn klinget et öberhaupt ook nich hübsch, wenn en Fürst öffentlich sienen Minister so nennet. — Wat dat Dutzen anbedrüppt — ick meene, wenn Ehr Hart Se ook villicht später darto drängen schull, so wie et dem Herzog August van Weimar mit sienen Fründ Göthe güng — so, meene ick, maaket wi et denn ook jüst so wie disse Beiden; also bloot ünner veer

Dogen dat Leed angestimmt „Bruder, ich und Du — Wir saufen immer zu!“ — vör der Welt aberst per Sie!!“ —

„Sehr richtig“ — sä de Fürst — „was Sie da sagen, sehr richtig das! — Auch diese Bedingung gebe ich zu. Und nun lassen Sie mich die dritte Bedingung, die letzte, hören!“

„De drütte Bedingung is de“ — seggde de Swinegel — „dat, wenn ick mal eenes Dages uphöre, Ehr Minister to sien, ick also entweder Se nich mehr deenen will, oder Se mi nich länger beholen wüllt — dat ick denn keene Panschon hebben will, sondern för beide Fälle in vörtnut darup verzichte!“ —

„Wie?“ — seggde de Fürst erstaunt — „Sie wollen, wenn Sie als Minister freiwillig abgingen nicht nur, sondern auch, wenn ich Sie Ihres Amtes enthöbe, — dann keine Pension oder überhaupt Jahrgehalt annehmen?“ —

„Nä“ — seggde de Swinegel — „wenn ick sülvst mien Amt nedderlegge, also nicks mehr mit Se to dohn hebben will, denn mag ick ook Ehr Geld nich mehr; un wenn Se mi entlaatet — wie dat in solken Fällen de gängige Uutdruck is — wenn Se mi also den Looppaß gewet, denn will ick mi eerst recht nich mehr en Stück Gnadenbrod in den Hals stäken laaten.“

„Aber was wollen Sie denn anfangen, wenn Sie kein hinreichendes Privat-Vermögen haben, was ich doch bezweifeln muß — wie wollen Sie es dann anfangen, als ehemaliger Minister nachher standesmäßig zu leben?!“

„Wenn ick denn nich mehr standesmäßig lewen kann, so lewe ick denn bloot mäßig. De Saake is ganz eenfach, Durchlaucht. Ick kehre in mienen fröheren Stand torügge. Ick höre up, en grooten Swinegel to sien, un warre wedder en lütjen Swinegel!" —

„Sonderbarer Schwärmer!" — rööp de Fürst, wobi he den Swinegel verwundert anblickde.

„Datsülvigte seggd König Philipp to Marki Posa, as he em ook nich begriepen kunn" — bemarkde de Swinegel.

„Wie? — Sie haben den Don Karlos gelesen? — Sie kennen also Schiller?!" —

„Nu, Durchlaucht, Se hebbet doch vörhin höret, dat ick Göthe kenne; also mutt ick doch Schillern ook woll kennen. Denn Göthe un Schiller de höret jo doch tosamen wie dat ohle Testament un dat neee Testament. Ick kann Se seggen, ick heww nich bloot dat Truerspill „Don Karlos" lesen, sondern et ook oftmals in't Hoftheater upföhren sehn; un ick heww jedesmal, wenn ick da baben up'n Fiefgroschen-Platz up der Gallerie seet, miene hellen Thranen bi der Stelle weent, wenn Posa tum König seggt: „Sire, geben Sie Gedankenfreiheit!" — weil ick jo doch wußde" dat he et nich dähe." —

„Unerhört! Außerordentlich! Noch nicht dagewesen!" — schreede de Fürst. — „Noch nie habe ich gesehen, noch nie auch davon gehört nur, daß im ersten Rang Jemand über das Schicksal Posa's geweint hätte, und auf der Gallerie sitzt der Swinegel und weint über Posa!! — Kolossal! Das ist Humor der Weltgeschichte!" —

„Ja, nun ich das höre, wundere ich mich über nichts mehr" — fahrde drup de Fürst foort. —

„Abgemacht! Sie werden mein Minister! Alle Ihre Bedingungen sind zugestanden."

„Nein“ — sette drup de Fürst nahdenklich redend hinto — „nun ich das von Ihnen weiß, wundere ich mich über nichts mehr, wundere ich mich auch darüber nicht mehr, daß Sie — als abgehender Minister — keine Pension annehmen wollen!“ —

Dabi steeg de Fürst van sienen Thronsessel herdahl, reckde dem Swinegel siene Hand hin un sprööк, wobi he em nahdenklich anblickde, in fierlichem Tone: „Swinegel, ich glaube, Ihr seid ein großer Mann!“ —

De Swinegel aberst slöög nich in den Fürsten siene uutgestreckte Hand in, sondern seggde: „Durchlaucht! Dat is vör de eerste Audienz all to familjär! — Späterhin villicht, wenn wi uns eerst nöhger kennt un weetet, dat wi enanner achten kümmt.“ —

Damit maakde he sienen Kratzfoot un güng.

Ünnerweges sprööк de Swinegel bi sick: „He hett to mi seggt — Ich glaube, Ihr seid ein großer Mann!? — Ja, dat en „großer Mann“ manchmal mitünner all en Swinegel wesen is, so veel heww ick mi hie un da ook all uut den Böökern der Geschichte tosamen lesen. So hewwet sick bekanntlich de ohle Napoleon un Metternich bis-wielen hinderrücks so schimpet — un hewwet ook woll Beide nich ganz Unrecht hatt. — Aberst dat 'n Swinegel irgendwo en „großer Mann“ worden is, davan heww ick doch bither noch niemals wat hört. — Da wööre ick denn gewissermaßen de eerste disser Art. Ob mi dat möglich sien ward, as Minister ook en „großer Mann“ to sien, dat weet ick nich. — Aberst as Minister en grooter Swinegel to sien — dat, glöwe ick, warre ick ook woll so good to Stande kriegen, als mancher Andere up dissen Posten“ — slööt he sien Selbstgespräk. —

Dat dörteinste un letzde Kapittel.

Swinegel's Ende.

Dree Jahr lang wöör de Swinegel nu all Minister wesen un Alles wöör good gahn. De Fürst wöör tofreden, denn he harr siene Domänen wedder kregen, un dat Volk wöör tofreden, weil et se dem Fürsten freewillig torügge gewen harr, up den Swinegel sien Toreden, woruut man sehn kann, wat'n Fürst Allens van siene Ünnerdahnen erlangen kann, wenn he man den rechten Mann tum Minister hett. He mutt man in der Uutwahl darto sick vör der Welt nich scheneeren. —

Im Öbrigen herrschte ünner det Swinegels Ministerjum Freden un Ruhe im ganzen Lande un de Wohlstand nöhm darin jümmer mehr to. Dabi wöör de Minister vör jeden Minschen, de en Anliggen harre, to jeder Dagesstünn' sülvst to spräken. Gegen de vörnehmen Lühde aberst wöör he stolt un gegen de geringen Lühde früünblich.

In sienen Huuswesen harre de Swinegel, sietdem he Minister wöör, wenig verändert. Wenn he sick ook nich sülvst mehr de Böckse flickde, so lewde he mit siener Familje doch fast eben so eenfach wie fröher. Det Middags Speck un Klütjen un des Abends Pellkartüffeln mit'n Hering wöör noch jümmer sien Lievgericht.

De Fürst harre sick aberst so an den Swinegel gewöhnt, dat he gar nich mehr ohne em leben kunn. Wenn de Fürst mal hypokondersch wörre, an welke Krankheit he wi alle groote Herren af un an lieden däh̄e, denn müßde glicks sien Minister Swinegel kamen, denn de wüßde solke Snurren to vertellen un solke gesunne Witze to maaken, dat de Fürst glicks wedder lustig wörre un lachen müßde, he mugg wollen oder nich. Am meisten amüseerde sick de Fürst, wenn Hofball wöör, un de Swinegel danzde denn mit de hochnäsigen abligen Fröölens un Damens; denn de Swinegel wöör, wie in sienen jungen Jahren up'n Dörpe, noch jümmer en ganz iwriger Dänzer. Namentlich danzde he geern de Klappkadrillje un den Dreiher, wobi he siene Dame denn oftmals in der Luft üm sick rümswenkde, dat se nich mit den Beenen to'r Eerde lööm, so wie et up'n Dörpe Mode is, woto de Hoffröölens natürlich en suuret Gesicht maakden, woröber de Fürst aberst jedesmal so lachen mußde, dat he sick den Buuk hölde un em de hellen Thranen öber de Backen rünnerleepen.

So wöör denn ünner dit Swinegel-Ministerjum dat Glück in dissen Lande allgemeen, denn wenn de Fürst vergnöögt un dat Volk tofreden sien kann, wat wüllt se denn mehr?

Aberst wie keen Glück up Eerden lange duurt, so schull et ook mit dat Swinegel-Ministerjums-Glück in dissen Lande sien.

Eenes Abends spät — et wöör in jener stillen Mußestünn', wo de Swinegel sick nich mehr mit Staatsgeschäfden, sondern bloot noch mit poetsche un filosofische Arbeiden to beschäftigen pleggde, intbesondere aberst mit der Uutarbeidung eener verbeterten Uutgave van Kant's Werk „Vom Ewigen Frieden", womit he de Welt endlich van allet Elend to kureeren hapede — da, während he jüst up't iwrigste över disset schönste Wark sienes Lebens klamüsern dähe, wörre em plötzlich de Athen to knapp, he snappde eenigemale nah Luft, denn rööp he: „Nu gaet der Katte de Haare uut!" — damit füll he van sienen Stohl un wöör dood. De Slag harr em röhrt.

As nu aberst den Swinegel siene Froo up dat Bumsen van sienen Fall herbiloopen kööm un seeg, dat ehr Mann dood wöör, da weende se lange un uprichdig. As se nu aberst uutweent harr, sprööf se, ehren dooden Mann anblickend: „Dat kummt darvan. Ick dachde et jo woll, dat et so kamen müßde. Disse Karrjehr wöör nicks för di, mien goode Vader. Dat Hofleben hult en Swinegel diener Art nich lange uut. Darto mutt Eener baren un tagen sien. De veelen Hofdinehs, de du mit hest biwahnen müßt, mit de grooten Bradens un fetten Puddings, överhaupt dat geile Eten da an de fürstliche Tafel, dat kunnst du nich verdreegen; davan wörrest du vör der Tied fett un dick un dien Bloot mit, un davan hest du nu den Slag kreegen, so dat du nu in dienen besten Jahren all hest dienen Dood funnen. Ja, so is et. Wer van Herkunft en lütjen Swinegel is, de mutt sick nich in dat groote Swinegel-Leben versttiegen. Harrst du dat nich dahn, kunnst du noch leben. So hest du di vör't Vaderland upopfert, dat is wahr, un dat deiht nich jeder Swinegel. — Aberst du hest doch nu dienen fröhen Dood darvan. Dat kummt darvan." —

De Fürst aberst wöör, as he de Nahricht van den Swinegel sienen Doode kreeg, noch fast untröstlicher as den Swinegel siene Froo. Dree

Dage lang eet un drünk he nich, güng in sien Kabinet up un dahl, rüng de Hände un rööp in Eenen foort: „Mein Swinegel! Mein Swinegel! Wer giebt mir meinen Swinegel wieder! — Ich bin ein verlorner Mann ohne ihn!“ —

Woruut man sehn kann, dat sick sülvst en Fürst mitünner so an'n Swinegel gewöhnen kann, dat disse em ganz unentbehrlich ward.

Am veerten Dage aberst leet de Fürst em en Liekenbegängniß anordnen, so grootartig un fierlich, wie man irgend möglich. Denn he wull dissen Minister noch im Doode so ehren, wie noch keen Anderer vör em wöör ehrt worden.

As aberst dat Liekenbegängniß to Enne wöör, wat de Fürst, heemlich dicke Thranen vergeetend, achter de Gardien' van sienen Finster uut mit ansehn harr, güng he in sien Kabinet, sette sick da alleen hin un füng an nahtodenken, wat ditmal länger duurde, as je vörher bi em en Nahdenken stattfunden harr. Endlich fahrde he mit eenen deepen Seufzer uut sien Nahdenken up un spröök:

„Ja, so ist es. — Swinegel sind sie alle, alle, alle! — Die meisten von ihnen aber, die meine Diener, sind heimliche Swinegel, und das sind die gefährlichsten für Fürst und Volk, für die Menschheit. — Mein Swinegel aber war der beste, denn er „wagte zu scheinen, was er war,“ er war ein ehrlicher Swinegel. Und darum konnte er auch so lustig sein; denn nur der Ehrliche hat das wahre Recht und damit die wahre Fähigkeit lustig zu sein. — Ruhe seiner Asche! Ehre seinem Andenken. — Aber ich will ihm einen Leichenstein setzen und darauf sollen die Worte geschrieben stehen:

„Hier ruhet der treuste Unterthan und der beste Minister.
„Er war der einzige wahre Freund, den ich im Leben hatte.
„Und er war ein Swinegel!"

Swinegels Froo graambe sick bald to Doode un folgde ehren Mann bald nah in jene Sfären, wo alle Swinegelee uphört. Siene nahgelaatenen söß Jungens aberst beelden sick in dat väderliche Vermögen, güngen up Schoolen un Uneverſetäten, wo se Stipendjen un Freedische van den Fürsten beköömen — denn de wulle dorchuut, dat disse Aart den Staatsdeenste erholen blieven schulle; — so köömen se denn alle högger hinup, breeden sick jümmer wieder uut, kortum, disse Familje vermehrde sick van Jahr to Jahr jümmer mehr un wörre endlich an Tahl wie Ansehn so stark — dat et in uhsen Dagen fast keene Stadt un keen Dörp in'n Staate Muffrika mehr givt, wo nich jetzt irgendwo en lütjen oder grooten Swinegel in Amt un Würden sitt! —